與情緒相伴的新生活提案

11 個練習，讓你在憂鬱、焦慮、憤怒、孤單時拿回主動權

繪者　眼球先生

作者　劉惠敏、周子勛、葉北辰

總策畫　癌症希望基金會

目錄

希望能讓所有人身心愉悅的一份禮物

王正旭

人生在世，我們每一天、甚至每一刻，都在不同的身心情感水域中載浮載沉。生理的不適大多數可察覺、被檢驗、診斷，然後尋求醫治；但是心理的不安，即便感受到，也不容易面對、審視，或尋求協助。

這本書的誕生，來自於癌症希望基金會榮譽董事、加州大學舊金山醫學院榮譽流行病學教授李明璸。

明璸老師多年來鑽研癌症與營養生活習慣的關係，同時也是相關機構的義工，她接觸許多癌友，同理癌友面對的疼痛與哀傷，因而結合東西方哲學思考、設計完成並出版了《10堂愛與療癒的體驗課》一書，以期協助癌友面對悲傷、進而改善心靈。

然而，面臨失去、壓力、傷痛、挫折……這些不僅是癌友的人生經歷，也是身而為人難以避免的情感記憶，甚至可能深深影響各人的生命樣貌。

癌症希望基金會在明璸老師的首肯及殷殷期盼中，依著她的原創精神，在如何出版社協助下，促成了本書的付梓，希

望能協助所有病友、家人朋友突破身、心和社會環境的難處。

　　本書四位作者，各有心理、藝術、文字專業，他們在癌症病友、癌友家屬的角色經歷了人生的失去、傷悲，不過他們真正最大的共通點，是藉著從經歷及轉念、成長過程中，將癌化成愛，並且成為助人者。

　　謝謝他們在書中的分享與創作，有助於讓更多人可以坦然面對身心的挫折。從這本書中，我們也認識到，原來所有經常被認為屬於負向的情緒，竟是如此的正常及正向，關鍵就在於如何轉換念頭。

　　啟於癌，化成愛。期待這本書能乘著明瑱老師和癌症希望基金會的關懷之翼，並且成為一份帶著愛的禮物，把愛傳出去。

　　（本文作者為癌症希望基金會董事長、基隆長庚醫院腫瘤科醫師）

曾以為與我不相干的，
我們卻成為好朋友了

眼球先生

「嗯～是個常常聽到但又感覺跟我不相干的名詞。」

「感覺一得到就會蠻嚴重的吧!?」

差不多就是這樣的念頭，在我心裡約莫停留了數十年之久。然而，人生無常，老天爺寫的劇本終究是我等凡人難以捉摸的啊！當故事的轉折這次降臨在我身上，我也就必須擔綱起劇中的腳色了。

幾年前的某個中午，一頓輕鬆的用餐後，我們陪同爸爸到醫院看報告，醫生拿出了一張我從未見過的腫瘤片子，他平靜地說：「這腦部腫瘤有 3.5 公分，明天就準備住院開刀。」

沒搞錯吧？也太讓人措手不及了！當時，我們唯一能準備的，就只有回家收拾生活用品了，完全沒給我們時間反應那些擔心害怕、焦慮複雜的思緒。

畫面一下子跳到開刀前的幾個小時，我和爸爸待在病房裡看著電視，聊著聊著，他忽然說到即將離開這世界的心情。我急著糾正他別想太多，並快速轉移這沉重話題，而當時強顏

歡笑下的刺痛，至今我依舊印象深刻。

　　如果說，爸爸是這齣「人生劇展」的男一，那我應該就演男二吧！接下來的時光，就是跟爸爸與癌症相處的揪心歲月了。這不到兩年的時間，一家人共同體會了很多，難過當然比快樂多得更多。

　　而今，爸爸還是會不時地出現在我夢中，而每次他出場的模樣，都不是生病時的樣子耶，這是殘酷現實中的溫馨片刻嗎？這代表著我跟癌症的徹底分手嗎!?

　　在一次跟癌症希望基金會執行長連瓔姊的聊天中，我提到了當時陪伴父親時，用創作點綴生活以及腦海中的一些想法。

　　我們聊得很開心，後來更促成了一連串療癒癌友的藝術創作，如今，這本書很難確定是我們的第幾號作品了。但唯一確定的是，它已成為了我發自內心，並且會一直持續做下去的事。

（本文作者為跨界藝術家）

我們的生命故事

信心的力量是最好的醫治 ———— 惠敏

　　2017 年 12 月，39 歲的我，第一次住院，就被宣判了「肺腺癌四期、癌細胞轉移腦部」。

　　成年以來期待地領了身分證、健保卡，興奮地考取駕駛資格領到了駕照，這次卻始料未及地領了張「重大傷病卡」。第一次住院就待了 49 天，繼續治療的時間還看不見盡頭……

　　回想 12 歲那年，母親確診乳癌，歷經了切除手術、化療及放療，滿頭烏絲全掉光，衣褲則像是放大了幾倍，不合身地掛在她瘦弱的身軀上，這是我人生第一次感到孤單無助，擔心失去一向悉心照顧全家的支柱。

　　幸好母親撐著羸弱的身軀、沒有倒下，在治療中逐漸恢復精神，再次成為我的超人媽媽，瘦小的背影在我眼中依然巨大可靠。

　　16 歲的我，再次面對母親癌症復發，病床邊不時聽到同樓層病人的哀哭，堅強的母親直到同房的阿嬤夜半急救，我倆被移到病房外昏暗的走廊，我才在黑暗中看到她臉頰上微微的淚光。最後，阿嬤與她的家人從病房消失了，我感到人生最大的恐懼，害怕自己也同樣失去至親。

最後，母親仍舊離去了，那種恐懼又轉成了悲傷失落，即便現在的我已經能坦然面對，但偶爾仍有絲絲的遺憾，遺憾已無法與深愛我的她，分享我的歡悲與成長後所認識的開闊世界。

幾年前陪伴年邁父親走過最後幾年的日子，即便仍因忙碌生活而後悔未盡全力，但至少有機會完成了「道謝、道歉、道別」。

仍嫌不足的照顧，至少有機會些許回報父親多年為子女的辛勞照料，能夠釋然地接受他「息了地上的勞苦」，但有時候，失去至愛的失落與孤單，仍會在思念中而不經意的現身。

在從事醫藥記者、訪問寫作生涯中，認識醫治人的人、以及被醫治的人，有時甚至暫時停駐在他們的生命中，深刻地察視生死聚離，因此一同喜樂或傷心。

但當癌症悄悄上門時，我仍意外不已。一路沒有明顯肺部症狀的我，當時因癌細胞轉移至腦部，導致語意開始破碎斷裂，最後劇烈頭痛意識不清，身邊朋友察覺有異，急忙地送我去急診。

到了第三天，意識稍微清醒後，我才聽到神經外科主治醫師的診斷：「肺癌轉腦」，這四個字在毫秒間通往我仍在因

腦水腫而混沌的意識中，然後因為長年來累積的醫療知識，我瞬間發現了嚴重性，眼淚無法抑制的潰堤了。

那該死的理性，在親朋好友們的憂心下，又瞬間地築起了防線，我沒有再落淚，試著努力用客觀的腦慢慢問、看似穩定如常的情緒面對所有的壞消息。腦部很奇妙地分為兩半，一部分依舊敏銳地感受、認知，而另一部分卻無法用語言、文字完整明快的表達。

面對將無法如常生活，甚至賴以維生的技能、社會參與的能耐不再時，我是極為慌亂的。所幸各路好友、遠方的親人以最有效率的方式排班陪伴，第一時間組成了指揮部、秘書處、排班組、增肥組、娛樂組、還有禱告部隊，讓我能在浪中慢慢錨定。

但因腦水腫壓迫到腦幹，如持續下去會造成生命的威脅，所以醫生考慮、建議開顱，切除部分腦部腫瘤時，我明確感受到生死之間一步之遙。

拿到所有報告，我需要知曉未來真實面對的困境。一位醫師好友評估我所有報告、包括開顱風險，結論是：未來失能的可能性極高，這比直接宣判死刑更令我無法忍受，一向獨立自主生活的我，如果失能得仰賴他人照顧，生命又有何意義？站在通向死亡跟失能的岔路口，我不禁質疑，存在的努力難道

是一場空？

好不容易用理性建起的高牆瞬間頹傾，淚水決堤而出。

我不禁向上帝埋怨，為什麼我這麼努力的生活、同理、助人，還要讓我承擔更重大的挑戰？一出社會就買了癌症險、醫療險，留意家族史、婦科癌症的可能，杜絕一切危險因子，不抽菸、注重飲食、規律運動習慣……並不恐懼死亡的我，卻得面對更驚懼的失能生活？

大哭之後，閨密、好友們不約而同地出現在病房。當下的我不再孤單，也重新大力的禱告，更多的關心以及提點湧入，讓我看到上帝仍體恤我的軟弱。

腦水腫逐漸受到控制的我，不僅能與來往親友談笑、甚至開啟不少話題，也能更直接與醫師對話、確認治療選擇。最後一刻，我選擇暫停風險較高的腦部手術，在醫藥團隊及多方親友各樣協助下控制住腫瘤，安然離院，但這一切未完……

治療的副作用是生存所必須面對的。從頭到腳體無完膚的起疹、潰爛、乾癢或疼痛，甚至口腔、腸胃黏膜受傷，連好吃、好睡都不得時，不免憂鬱、懷疑：生存下來真的只能如此不易？

我為自己難過卻哭不出來，也無法對誰發怒。我藉著大量的電影、劇集故事、詩歌流淚，在為了其他人、事哭泣時，

與情緒相伴的新生活提案

順勢地為自己傷感。

當逐漸習慣副作用後，我靠著運動逐步恢復體力跟食欲，卻也得面對重新生活的不安與失敗感。

不同於住院前還能教瑜伽，一邊示範、一邊說明的體力，現在我連操場快走都得大力喘氣，在好友們陪同的郊山散步，下山時步伐軟弱無力需要攙扶；頭、臉毛髮因紅疹、結痂掉落，痘痘皮膚傷口難癒的外觀，令人實在無法再直視鏡中的自己，對於朋友們「還是一枚美女」的安慰，也只能苦笑以對。

然而，面對痛苦難耐的治療副作用，反而能在一一過關後，感受到更多「萬事互相效力」的喜樂及平安。副作用的傷害逐漸可控制，身體細胞透過毛髮的新生，體力、精神的增長，鼓勵著我還有許多好細胞正奮力不懈，就像身邊許多親友的愛，一一釋放了負面的情緒，信心的力量成為了最好的醫治。

有人說抗癌是馬拉松，不一定是奔跑向前，而是需要適時地調整、配速，有時得停下補充熱量、水分。這趟抗癌之路還不知終點，不過在這旅程中，更能體驗我很小就很喜歡的禱文：

> 請賜我寧靜，去接受我無法改變的事；
> 請賜我勇氣，去改變我能改變的事；
> 請賜我智慧，能分辨二者的不同。

謝謝你，最後一次陪伴我 ——— 子勛

2018 年 12 月，25 歲，得知爸爸確診癌症，永遠改變了我的世界。

從醫學系四年級時轉考諮商研究所的我，在彰化念書，總是期待回到台北的日子。然而那一天，我如同往常返回台北車站，卻看到爸媽臉色凝重。

媽媽先開了口：「下午去醫院檢查，發現爸爸腹部有腫瘤。」

我的腦袋頓時一片空白。怎麼會？怎麼可能會發生在我們家？爸爸不也是腫瘤科醫生嗎？怎麼會這樣？

「腫瘤在肝附近，可能是肝癌。這類癌症通常發現得很晚，醫生估計可能已經是末期了。」這次是爸爸回答。

撞擊腦袋的震驚，至今仍難以消化，我無法相信這一切事實，不斷在心中納悶：怎麼會這麼剛好？發現了癌症，卻已經是末期？為什麼？

幾天後，經過進一步診斷，我們才知道一切比想像得更嚴重。爸爸得的是一種叫做「膽管癌」的癌症，比肝癌更少

見、更惡性，目前沒有藥物能有效治療。他從發現癌症到過世，只有十個月。

一開始，醫生提出開刀切除的可能性。雖然風險很高，我們仍決定要冒這個險，放手一搏。然而刀沒開多久，醫生便沉重地告訴我們，切開腹腔後，看到癌症已經轉移到其他器官，沒有辦法進行手術。

我的眼淚終於無法控制。冒著生命危險的手術，卻是一場空，心中滿是不甘心。最可怕的是，原先指望延長生命的手術，沒有希望了。

手術後，爸爸的肚皮上留下像是黑道大哥的十字傷疤。更難過的是，術後併發症帶來許多折磨，我人生第一次看到爸爸如此痛苦的表情。

盡快開始化療後，藥物造成的痛苦又接踵而至：腹部脹痛、體力虛弱、口味改變、更糟的是，有時一天要吐上五六次。

儘管如此，爸爸仍然開朗又堅強，他很有興致地在病床上教導我們化療藥物的知識，偶爾還會開開玩笑，逗我們開心。

可惜的是，令他苦痛不已的化療，打了幾次仍不見起

色。我們每天都提心吊膽，不知道明天的病情會有什麼變化。醫院的每一天都瞬息萬變。

與爸爸在病房度過的時光，變得無比珍貴。

我們一起在醫院，打下無數支藥劑，聽過無數次的壞消息，和無數個來訪的親友歡聚；也會一起看電視、看小說、玩手機抓寶可夢。

輪流在醫院與爸爸度過的夜晚，我永遠也不會忘記。他總是心疼，要我們多回家休息。然而對我來說，其實能待在醫院，把握我們相處的片刻，才是幸福的、是感謝的。

有那麼一陣子，終於可以暫時回家休息。住在醫院好幾個月的我們，知道可以回家，真是欣喜若狂。雖然每週還是得回醫院，但那好久沒有的在家吃飯、晚上散步、閒話家常，這樣的平凡，讓我再度擁有了一個家的生活，覺得更加珍貴。

癌症病人要對白血球的變化非常小心，稍有差錯便可能導致感染致死，化療藥物也必須暫停。因此當爸爸白血球降低時，我們感到非常驚慌。

一個月後，好不容易回升的白血球，結束的鐘聲卻跟著響起。我們同時檢測出黃疸，代表距離死亡不遠了。

發現黃疸的那天，爸爸就開始斷斷續續地昏迷，意識模糊不清。雖然如此，他還不忘跟我們開玩笑：「我一直在作夢，現在講什麼，都不負責哦！」

醫生緊急安排的膽管繞道手術失敗而造成大出血，爸爸差點休克而死，病床上一片鮮紅的畫面，至今在我腦海中盤旋。

一度從鬼門關回來，爸爸的意識卻一天比一天模糊。漸漸的，他再也沒辦法和我正常對話，僅能拼湊出一些簡單的單字。

過世前一個禮拜，爸爸突然間清醒過來，他說：「我愈來愈虛弱了，我很愛你們。」分別向我們做了道別。

他沒有遺願。五分鐘後，他再次陷入昏迷，那是我們最後一次對話。

他的身體就這樣漸漸退化，沒有辦法獨自起床，沒有辦法排泄。最後一天，我們待在病床邊，和他說最後的道別。血壓一點一點往下掉，呼吸愈來愈慢，直到離開人世。

爸爸過世後，我在家裡痛哭，無法接受這個事實。儘管心中已有多次的準備，仍然無法承受，就像身心被現實壓垮般，我累癱了很多天。

處理後事讓我暫時抽離，但只要閒下來，我便會感到空虛與不捨。世界好像破碎了，我找不到意義，找不到目標。有一段時間，我不想跟任何人互動，只想把自己關起來，一次一次的想著他。

　　一想到爸爸經歷過的辛苦，就會好心疼。這一切來得太快，總會不小心以為他還在世。忽然驚醒之後，才發現他已經不在，這樣的衝擊常常讓我適應不過來。

　　我不斷想著，怎麼會這樣？還沒孝順父母，也還沒好好傳達我的感謝和在乎，就沒有機會了。太多的悲傷和遺憾，太多的捨不得和來不及。

　　我嘗試一次又一次地將曾經相處的點點滴滴記錄下來，試著將這些回憶放到心中的深處儲藏。所有的美好、歡笑、吵架、不愉快，這些點點滴滴，希望永遠都不會忘記。

　　這幾個月，我經常在想念他。想著跟他說話、好想再看見他。而我也發現這一段路，就算承受著病痛，他還是將一個父親的身分做到最好，總是最先關心我們過得如何，關心我們看到他病痛的心情，在面對疾病時，更是展現了勇敢的一面。

　　其實這一年來，為了面對疾病，我的心中也留下許多傷痕。漸漸失去他的過程中，心裡累積了許多悲傷。

雖然如此，我也漸漸意識到，我需要重新照顧自己。生命這道巨大的裂痕，不僅需要時間慢慢地經歷，也要我允許自己有悲傷的空間。這段時間，生活方式改變了，我認識的世界也改變了。我需要再次專注於現在的生活，並且更加珍惜我還擁有的一切。

　　我不會忘記他是如何為我們付出，也不會忘記我們全家人是如何一起攜手面對疾病。在有限的生命中，想將這樣的愛與力量傳下去，然後把每天都活得更有意義一點。

　　期許生命，讓我慢慢成為更好的自己。

路還在走 ——— 北辰

一路走來，每次回憶過去，總有不同的感觸和體悟。

大學時期的我總覺得身體有些不對勁，運動一下就氣喘吁吁，卻自恃年輕力壯，拖到受不了才去看醫生。

到台大醫院的胸腔外科檢查，醫生拿著 X 光片，突然地大喊：「天啊！」然後又快速地冷靜下來，說：「嗯，今天沒有床位，明天中午來報到，順便抽血，請你在外面等一下。」

當時坐在診間等候的我，心中的感覺難以形容，知道這不是一場夢，卻很沒有真實感，無法確定發生了什麼事，隱約只感到不安。

那是一種從來沒有經歷過的沉默，連內心的獨白都鴉雀無聲，不知道該說什麼。我並不是很能精確地描述當時的情緒，可能是有點緊張，說不上是害怕，包圍我的，更多是一片充滿壓力的空白。

說到這，我總想要感謝醫護人員的告知技巧。雖然門診醫生一開始大叫「天啊！」有點好笑，但之後他和別診醫生會談時，請我一起看 X 光片，然後他們細心解釋說：「……你看，胸腔這裡應該是黑色的，但你這邊有一塊白白的，我們也

不確定這是什麼，所以要安排你住院，做進一步的檢查……」這樣的溝通讓我降低不少焦慮；而住院時的醫師巡房時，也會根據我的反應跟我溝通，循序漸進的告訴我哪邊異常。

最後，我的診斷結果是「淋巴癌」。

每每回憶起這段，我就在想當初到底怎麼告知壞消息，對我而言是最有幫助的呢？（雖然已不可考，但我想當時他們已經蠻確定這是癌症了吧？）更廣義來說，人們要用什麼方式接受各種壞消息呢？

年輕充滿信心的我，沒什麼猶豫地就開始接受標準療程，做完六次化療後，又緊接著接受放射線治療。噁心、掉頭髮、血球降低我都經歷過，每次治療總伴隨著不少負面情緒，但是化療效果很好，腫瘤消失，身上也找不到癌細胞的蹤影，好像也就值了。

歷時八個月化療和放療正式告一段落，好不容易熬到治療結束，正慶幸自己要開始回復正常生活時，我又在三個月後因為胰臟發炎而掛急診，住院檢查發現……腫瘤又復發了。

剛得知復發時，我難免心情有點低落。畢竟治療才剛結束兩個多月就傳來復發的消息，而且還有轉移，之前是一顆大的長在胸腔，現在是腹腔長了一堆小的腫瘤，其中一顆堵住了

總膽管，所以才會胰臟發炎。

面對癌症的過程中，最讓我挫折的大概就是這樣短時間內的復發了吧？原本我以為自己年輕、身體好，就算是癌症又怎樣？我一定會治好的！

當時對自己的樂觀和積極還頗有幾分得意，在網路上的暱稱都設定為「抗癌小鬥士」。然而復發後，我才驚覺，自己似乎沒有想像中強韌。

接下來長達八個月的住院生涯，我一直很抗拒。身為一個好動的人，現在卻要脫離正常生活，每天關在醫院的病房中，還要接受許多痛苦的治療，實在難以忍受。

現在回想起來，這些苦難的回憶反而別具意義，例如復發時，腫瘤堵住總膽管導致胰臟發炎，禁食超過七週，必須從體外（右邊肋骨間）插入一根導管穿過肝臟，通到總膽管引流膽汁，才能避免胰臟繼續發炎。

插這個導管的過程長達一小時，我完全清醒，痛不欲生（醫生不給我麻醉或許有其考量，但這是我第一次開始懷疑生物課本上說肝臟沒有痛覺神經是騙人的），曾經有幾次我發現，這個最痛苦的回憶變成一種比較基準，有助於我忍受某些疼痛。

插入導管後要解除禁食，我試著喝了一點豆漿，幾分鐘

以後眼睜睜地看著白白的豆漿從這根導管直接流出體外，醫生看了也嘖嘖稱奇。這段小插曲，堪稱是我在治療過程中最特別的趣事。

化療每次一打，就要打上整整七天。前幾次化療沒什麼效果，腫瘤縮小但很快又換位置復發，必須再度換藥。而某些藥物使用的累積劑量已經到達極限，再打會有危險，我一度陷入無藥可用的窘境。

這中間移植病房的主治醫師開始跟我溝通、討論狀況，就說要趕快換藥再打，必須把腫瘤壓到最小，再到移植病房進行自體幹細胞移植，這樣效果才會好。

「如果還是壓不住呢？那就直接去做移植？」我問，

「那就要看狀況了，治療有很多種，有積極的治療，也有維持生活品質的治療，這要看每個人的選擇……」主治醫師回答。

情緒也是，你可以選擇跟情緒相處，或是移植新的想法，有時候念頭一轉負面情緒或許就會跟著煙消雲散。但跟治療一樣，沒有什麼選擇一定是最好的，不同階段、不同狀態，我們都可以試著找到自己最舒服的療癒方法。

回到我的故事，後來我開始嘗試一種健保尚未給付的第

三線藥物（我是全台灣第二個打這種藥物的人，但是前一個人沒有成功……），也不知道到底有沒有壓制到腫瘤，隔一天，就直接進入移植病房進行自體幹細胞移植。

入移植病房的前一晚，我難以入睡。剛發病時，醫生說化療反應很好，我又覺得自己年輕，要治好一定沒問題；而面對短時間內的復發，雖然無奈但也只好接受事實。

現在要進入移植病房，我似乎可以坦然面對但又有些不捨，對於自己病症的無控制感，讓我不知道該樂觀面對還是憂心忡忡。

這也讓我開始思考自己生命的意義及目的，如果我就這樣走了，這個世界會有什麼樣的不同？而如果我幸運的存活下來，我生命的意義和目的又會有什麼樣的改變？

曾經和一個與我同年的住院醫師聊到關於死亡的話題，他打趣地說到：「如果我們能坦然接受死亡，是不是代表我們這種人胸無大志，所以沒什麼牽掛？」坦白說，這些問題的答案可能需要我用一輩子來尋找和驗證。

我們常常在說重症病人要抱持著希望，對病情有幫助（因為恐懼往往是治療的最大障礙——害怕沒有意義的痛苦和疼痛，而希望可以給我們克服恐懼的勇氣）。

然而對所有遇到困境的人來說，希望不是一種偽裝，給

予希望並不等於跟自己或他人說：「你一定會好起來的！不用擔心！」

我們不應該「只」把希望看成創傷的風暴後，突然雨過天晴，陽光普照。希望包含了很多元素：適當的目標、擁有自我選擇、不為外力所控制、有動力往下走。

有的時候，在情緒的綿綿細雨中，找到一個舒服的去處窩著，有個短暫的停留，也是個為前進積蓄動力的好策略。

我們往往都很關心現實要怎樣變得符合自己的預期，好像人生的路程沒有照著規畫的藍圖走就感到心慌，甚至會跟其他人的生活做比較，但更重要的或許是：

我們怎麼看待這個逆境？

我們怎麼看待要和逆境相處的自己？

我們怎麼看待這個世界和其他人？

最後，我們做了選擇，並對自己的選擇負責。

因為至親以及自身的癌病
我們在黑色絲綢幕下　相遇

又因為
感性的特質、人生經歷以及我們選擇的專業
承載了許多人的情愁思緒

我們，怎麼這樣相似　也非常的不同
將自己及相遇過的眾人　情緒
化成一根根柴火　透過營火　化為裊裊的木香
讓我們一起解析那人生滋味
原來　情緒　同時存在正面及負面
讓我們同時感受人生的酸甜苦辣

營火的溫暖　讓夜晚不孤單
黑幕漸下　日出　迎來了光明與熱情
我們繼續在夜與日的輪迴　體會人生
在其中的傷、痛、悲、淚
化為更多的歡、喜、樂、安……

憂鬱

活著好累，連呼吸的力氣都沒有

熱愛工作的 Ann，好不容易在職場上嶄露頭角，卻在這個節骨眼罹患乳癌。

不想改變工作節奏的她，先尋求中醫治療，但沒想到腫瘤並沒有好轉，她只好轉向西醫治療，卻需要長期住院。雖然老闆想幫忙，提出調整分工的建議，但是 Ann 不想讓同事知道病情，因此決定辭去工作。

在家人與男友的陪伴下，Ann 接受了乳房切除手術，並開始進行化療。化療期間按表操課的生活讓她找不到重心，往返醫院及家，只剩下了治療、吃飯、睡覺……以前喜歡聽的音樂、喜歡吃的美食，對她都漸漸失去吸引力。

更讓她沮喪的是，胸前的疤痕持續提醒她那消失的乳房……Ann 變得很討厭自己，覺得現在的自己只

會成為別人的負擔。

最後，捨不得拖累男友的她，向男友提出分手。沒想到，男友沒有想太久就答應了。即便不意外，Ann 也無法釋懷，相識多年的他居然毫不眷顧地離開了。

隨著生活中每一個面向都大不如前，Ann 開始感覺到「生活中只有治療，這樣活著幹什麼？」「好像再也快樂不起來了……如果能早點解脫就好了！」漸漸的，她不想要繼續吃藥，也不想復健……

這一場突然其來的疾病，不只奪走了 Ann 的健康，還奪走她曾經擁有的快樂，甚至是繼續往前走的動力。生活彷彿戴上了灰色的濾鏡，變得好黯淡、好無望……

憂鬱，是一種「沒有辦法感受到快樂」的狀態，就像一片烏雲，蓋住了陽光。

每個人或多或少都曾經在生命中體驗過。可能是遭遇過生命中的重大轉變，例如痛徹心扉的分手、意外失去家人、丟了工作、或被迫轉學。也可能是得了重大疾病，知道時間所剩不多、視力正在退化，或是骨折、肌腱損傷，不能在運動場上揮灑青春汗水。

憂鬱也可能發生在生活中不順的每個時刻。工作壓力太大，沒有時間休息；不喜歡自己念的科系，感到鬱悶；遭遇了挫折，卻沒有管道抒發。

憂鬱，往往不是一天造成的。而是在每一次大大小小的事件中埋下了種子，我們便會逐漸感受不到，生命中曾經擁有的快樂。

有些時候是生理因素的影響。當我們的神經迴路產生異常，大腦的血清素和正腎上腺素異常時，我們便無法輕易控制不好的心情。

癌症敲門時，憂鬱更是會從內心深處擴展到每一天的思緒中。只要一想到，人就會憂鬱起來。憂愁隨著血液流竄至全身上下，而大腦，也被占據了。

「我還有多少時間可以活？為什麼是我？我可以不要經

歷這些治療的苦痛嗎？人生，為什麼這麼辛苦？還會有人需要我、愛我嗎？」

經常找不到答案，我們可能會開始絕望，開始放棄。當憂鬱成為我們生命中的主角時，我們也會只想到負面的事情了：「世界就是這麼悲慘……」「我就是這麼悲慘……」「是不是放棄比較容易……」

憂鬱，有時是不知不覺來襲，就算發現了卻無法自拔……傷心鬱悶的日子，該怎麼過下去？

親愛的，
你也曾經陷入憂鬱的低谷嗎？

無法感受陽光的溫暖，淚水像關不起來的水龍頭……你可能曾經聽別人說過：「看開一點。」但是這些人大概一點都不了解憂鬱的感覺。

如果能夠隨時開心起來，誰不想要呢？其實憂鬱就像是心理層面的感冒，每當憂鬱出現，就代表我們需要更注意自己的心理健康！也許，你正在遭遇重大的轉變，也許你累積了滿滿的壓力，這些痛苦、負向的力量，已經遠遠大過生活中的美好感受了。

憂鬱並非少數人才有的情緒，根據統計，每年約有 40 萬人因為憂鬱情緒而就醫。當我們遭遇不愉快的經驗，像是罹癌、分手、失落、重大失敗，就有可能產生這種感覺。會有憂鬱的情緒是非常正常的事情！和抗壓性，是沒關係的！

憂鬱的你，一點也不脆弱。

想想看，如果因為生命的某些經歷，像是失去了親朋好友、得放棄自己的興趣、覺得世界很不公平。和別人比較起來，就是覺得自己運氣特別不好、特別悽慘，這時候我們還有可能往好處想嗎？

所以，面對憂鬱的第一步，我們可以先嘗試正視自己憂鬱的事實。不需要感到羞恥，要勇敢地對自己說：「現在難受的我們，真的辛苦了。」

你一定試過很多的努力，為了讓自己開心起來；一定曾試著要一個人面對，不想造成別人的負擔。

給自己一點時間，就算沒有開心起來，也沒關係。生命中所有的傷痕，都需要時間慢慢地療癒，慢慢地梳理。

如果憂鬱來自失去，我們便需要學習道別過往。因為生病而改變的生活，會有好多的捨不得，需要經由整理、放下才

能放手。因為分手而感到的痛苦，需要梳理這段關係中的愛與恨，最後學習其中的得與失，讓我們成長。

如果憂鬱來自不順遂的生活，我們也需要看見自己是如何被一件又一件的事情影響？這些事情是怎麼強化了我們的憂鬱？我們又如何因為這些事情，而再也看不見生命中的其它美好？

找一找憂鬱的來源，會幫助我們更認識自己。就像是對一綑纏成一團的毛線球。為了要把它解開來，我們要一層一層的抽絲剝繭，才會更清楚的看見憂鬱的樣貌。

看清憂鬱的自己，也看清受苦的自己。有一天，我們才知道，我想要的生活會長成什麼面貌。

我們的生命中一定有喜樂、正向、和成功的時刻。只是被埋在好深好深的地底下，不費一番工夫，找不回來。但是也許我們只需從一個細微的地方開始，先從小行動，再如滾雪球般慢慢擴大。每天只要多做一件讓自己開心的小事情，慢慢累積，也許改變會慢慢發生。

當然，這並不容易，一個人面對更不容易。我們可以找真正能陪伴的好朋友、親人或老師、甚至是專業者協助，陪伴我們一起經歷憂鬱。願意停下來等我們的人，知道憂鬱需要時間的人，會是最好的良伴。

面對憂鬱，沒有辦法加快速度面對，只能細細感受，接納發生在自己身上的一切可能。也許，憂鬱來自於我們無法向過去曾經的美好告別，迎接新的世界。所以，雖然現在生活仍讓人鬱悶、難過，有沒有可能適時將我們的心思分配到各式各樣不同的事物，也讓自己願意接納所有的好與壞，看見新的苦悶、也看見新的美好呢？

「喜樂的心乃是良藥，憂傷的靈使骨枯乾。」

——《聖經箴言17：22》

「物來順應，未來不迎，當時不雜，既過不戀。」

——《曾國藩文集》

回顧心情的生理時鐘

現在讓我們一起回顧自己的心情。

昨天一整天,從一早起床到晚上睡前,你做了哪些事情?哪些時間,你覺得心情比較輕鬆愉快,或是比較平靜呢?

請拿出亮色系的螢光筆或色筆,在下圖的時鐘上,把愉快和平靜的時段塗上顏色。

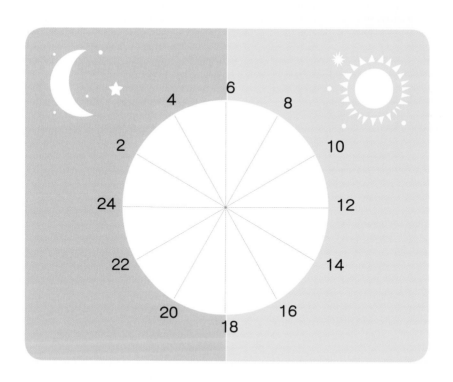

辨識影響我們心情的事件

畫完以後,我們可以看見你一整天的心情色卡。

你的一天,是整片的繽紛,還是沒有顏色、白茫茫的呢?這些帶著顏色的時間裡你在做什麼?是什麼讓這個時段有著繽紛的色彩?沒有顏色的時光,又是什麼樣的滋味?

請用以下的表格,將每個有顏色、沒有顏色的時段,分別做的事情記錄下來。

有顏色的區塊	白茫茫的區塊
出去散步 吃了塊草莓蛋糕	要去醫院看病時 一早起要準備出門上班

當你開始細細觀察自己的生活，便會逐漸發現，其實憂鬱的心情、開朗的心情，是每天每刻、大大小小的事情所累積下來的。

右邊沒有顏色的區塊，可能是重複出現，會讓你心情低落的事件；左邊有顏色的區塊，則代表的是能讓你開心的事情，也可以說是讓心情好轉的魔法哦！

找出適合自己的特效藥

讓我們繼續將注意力放在能讓你心情好轉的魔法上。

請你進一步發想，生活中還有哪些事情，例如唱一首喜歡的歌、吃一頓美食、和誰聊天，也會讓你感到愉快呢？

彙整以上所有想到能幫助你心情好的事情，運用後方表格，將你覺得隨時都可以做，甚至現在馬上可以做的，把它寫在下頁的「情緒普拿疼」的欄位中，它們會是你隨時止痛的好幫手，可以讓你對壞心情做急救！

覺得比較需要一個空間、時間才能做到，但是可以天天做的，就把它寫進「心情維他命」，讓我們像吃維他命一樣，天天保持好習慣！

情緒普拿疼	心情維他命

為每一次的美好時光種下種子

現在，你得到了專屬於你的心情處方籤。當憂鬱情緒瞬間湧
上，不知該如何是好時，趕緊拿出急救的情緒普拿疼，舒緩壞
心情的不適；而平時我們也要持續服用心情維他命，做些會感
到開心有意義的活動來維持心靈的健康。

讓我們開始施展轉換心情的魔法吧！只要你在一天中，服用了
一次維他命或普拿疼，就請你拿起畫筆為下頁的一朵花塗上顏
色，期待這個花園有一天會綠意盎然！

焦慮

一想到就緊張得無法思考，

眼前一片空白

「你！怎麼可以被二一！」暑假過後，緊張的小宇跟爸媽說，他被學校開除了。

爸媽實在無法置信，小時候的小宇在大家眼中是個聰明的孩子，國中以前的學業成績也都令人滿意，雖然高中沒考上理想的學校，大學至少也上了中文系，已經念到第三年，怎麼會混到畢不了業？

小宇也說不上來，不知道從何時開始，只要遇到考試就焦慮不已。考試前試圖逼自己待在書堆前，但是根本看不下書，念不下去就又想去打電動。

小宇因為自己的逃避而感到罪惡感，甚至常常喘不過氣，突然心悸和暈眩。

回想當初，沒考上最想讀的高中，對小宇來說是晴天霹靂。一切怎麼會和想像的完全不一樣？小宇始

終想不透。

漸漸的，面對考試他愈來愈緊張，每一題都會花上比以前好幾倍的時間重複檢查。考試的前一天，因為太過焦慮，根本睡不著。

把心思都花在考試的小宇，得不到好成績，也無心交朋友。上了大學，更在社團、選課上不知所措，甚至懷疑念完中文系又有什麼未來？每件事情對小宇來說都像是考試，他不斷想著「要怎麼選才不會錯？」「我會不會又搞砸一切？」

愈來愈多不知所措的問題陸續出現……「為什麼同學都輕鬆自在，我卻找不到任何興趣，我到底該怎麼辦？怎麼做才對？」

焦慮總是與壓力如影隨形。從學業、工作、交往、結婚到生病，人生中大大小小的事情，每一件事都能夠讓我們擔心、緊張，甚至煩惱到輾轉難眠。

「天吶！明天就要交報告了！」

「如果我考不上，我的人生就完了！」

「健康檢查報告不太好看，怎麼辦？」

「如果這次不成功，這輩子都不可能達成了。」

我們總是不知道自己是否有能力面對這些挑戰。要是出了什麼差錯怎麼辦？要是我做不到怎麼辦？我根本就還沒有準備好……

最糟的是，當焦慮程度升級，超過我們可承受的範圍，極可能產生許多生理症狀。有些人會坐立不安、容易發怒、難以集中注意力；有些人可能會毫無理由的偏頭痛、全身僵硬緊繃，感覺到身體失去控制！還有些人，被焦慮搞到腸胃不適，或是暴飲暴食，只為了讓自己好過一點！

這種「搞操煩」的感覺，愈是想，就愈停不下來！每一次想，都覺得事情一定會更糟，就算別人安慰也沒有用。也許

我們真的正在面對一些充滿未知、難以掌握的挑戰，例如面試會不會錄取、癌症會不會復發；也可能我們覺得什麼都做不到，是因為過去失敗的經驗，例如以前考試成績就不理想，更難以相信下一次會更好。

無奈的是，愈是焦慮，我們愈難以專注地做事情，被焦慮破壞了自己的步調……要怎麼做才可以清空腦袋的思緒？我可以不焦慮嗎？

親愛的，有時真希望每件事，我們都能有百分之百的把握

就算面對挑戰，也希望自己像電影中的超級英雄一樣，風度翩翩、自信滿滿，絲毫沒有一絲緊張，然而人生總是事與願違。

還記得你第一次開車上路嗎？遠遠的來車就能讓心情七上八下；面試第一份工作，覺得自己像是待宰的羔羊；還有在門診等待醫生宣告壞消息、在手術房外等待家人手術結果的這些時刻，像是在肚子裡吞了一千根針，緊張到隨時都可能當場暈過去。

焦慮的感覺真是讓人不好受。但在人生中，一定會遇到

或多或少的焦慮事，而這些事情很主觀，我們覺得焦慮的事情，別人不見得如此；別人覺得焦慮的事情，我們也不一定懂。更有些時候，連我們都不理解自己的焦慮！

躺在床上，直直盯著天花板，明明知道睡覺才會有精神，卻怎麼樣也睡不著；遇到心儀的對象，想要在對方心中留下好印象，卻一句話也說不出來。明明理智上都知道，卻不懂為什麼自己沒有辦法控制。

焦慮很常讓我們有「失常」的感覺，當我們愈想告訴自己不要焦慮，反而會造成反效果。

你聽過「粉紅大象」的心理學實驗嗎？讓我們一起試試看，現在請你盡量不要去想粉紅色的大象，用你最大的努力，不要想粉紅大象。

在努力不要想的同時，粉紅大象的模樣是不是早已浮現了呢？這就是我們大腦的獨特所在！愈是不去想，就愈是會想到；同樣的，愈是要自己不焦慮，就會更焦慮。更困擾的是，當我們告訴自己「不要去想焦慮」卻無法做到時，我們就覺得更焦慮了。

面對焦慮，我們需要的是反其道而行：Just Do It ！直接

去做！

　　想想你有多久沒為自己冒險一次？有多久沒有不顧後果的向前衝？這個社會教導我們太多的標準，這裡要做好，那裡也不可以出錯。我們也開始過度要求完美，小心翼翼。但是這些標準也許已經太多了！

　　考試為什麼一定要九十分、一百分？第一次面試為什麼一定要有結果？我們太害怕在生活中成為失敗者，導致我們不敢輕舉妄動，戰戰兢兢，深怕一個選擇就會毀掉一切。

　　雖然有很多超乎我們控制的事情，但也並非每件事都這麼嚴重。過多的擔心占據了我們的腦海，焦慮和擔心就變得愈來愈不理性。

　　其實不少事原來並沒有我們想像的困難、可怕，但最終在大腦的自我暗示下，讓我們無法承受。

　　有時候，我們需要對自己寬容一點，告訴自己做不好也沒關係。抱持著謹慎的態度是一件好事，但是有時候不需要太謹慎。

　　焦慮所帶來的困擾，甚至讓我們都忘了一件重要的事情：焦慮從來不是壞事！

　　如果沒有焦慮，我們不會懂得怎麼克服挑戰；如果沒有

焦慮，我們就不會主動追求進步。它是我們面對人生大大小小挑戰最自然的反應。

因此，我們不需要完全消除，更理想的是，帶著適宜程度的焦慮，成為一種讓自己更好的力量。在真的極度焦慮的時刻，可以讓身體帶著我們放鬆。透過運動，不管是散步、慢跑、游泳、登山、瑜伽，或是從事任何能夠不斷進步的興趣，都是面對焦慮的好幫手。

這些運動都帶有著適度的挑戰性，我們可以在從事這些活動的時候，一邊體會如何善用緊張和焦慮的力量，在這些挑戰裡面「享受過程」，用「Just Do It」的心態往前邁進。

「微笑，是平靜的開始。」
　　　　　　　　　　—— 德蕾莎修女（Mater Teresia）
「只有你自己可以找到自己內心的平靜。」
　　　　　　　　　　—— 愛默生（Ralph Waldo Emerson）

焦慮源自看待事情的角度

當我們擔心自己無法勝任挑戰，便會產生很大的焦慮感。舉例來說，工作太多時覺得「完蛋了！我一定做不完！」，談戀愛時覺得「表現得糟透了！不知道對方會怎麼看我。」然而很多時候，這些擔心不一定是事實，而是我們傾向做悲觀的預測。事情一定會很糟嗎？或僅僅是我們的想像？請參考範例，在下方的表格中寫下引發焦慮的事件、預想的結果，並練習改用客觀的角度，重新思考一次，是不是也許會很糟，也許不會？

引發焦慮的事件	腦中預想的後果	用客觀方式思考
明天的考試	完蛋了，沒有讀完 考試結果一定很爛	我準備得不夠充分 但不是全部都沒準備

這種「一定會很糟」的災難化思考，其實是因為我們太「害怕失敗」。我們會不斷地擔心如果失敗了，會怎麼樣，是不是就代表我一無是處？太過擔心自己的表現，反而綁住了我們的行動。

試著抱持彈性的態度，從「一定會很糟」的想法漸漸調整成「可能會很糟、也可能不會」。此時，焦慮也會回到比較適中的程度。

將注意力放在對的地方

事實上，失敗的後果往往沒有我們想的那麼嚴重。考試考差了，以後一定還有機會；面試失敗了，也還有下一家公司。就算沒有成功也沒關係，至少會從經驗中得到成長。這就是面對失敗的勇氣。

一個簡單的小技巧是：當我們將注意力焦點從自己的表現、成敗與否移開，更關注在我想要達成的高層次目標、我的初衷，就能夠有效地降低焦慮感受。

請參考下頁上側的範例，並填寫下方的空格，練習試試看將注意力從「自己的表現」，改成想達成的「目標」。

上台進行簡報

過度聚焦在自己的表現	改將注意力放在目標
好緊張,台下的人一定會覺得我報告得很差勁。	無論他們怎麼想,我更在乎我有沒有清楚表達簡報中想要傳達的訊息。

過度聚焦在自己的表現	改將注意力放在目標

用你的雙手體驗放鬆

長期暴露在壓力下，生理上的緊繃會讓我們感受到焦慮，焦慮感又會使肌肉過度緊繃，造成身心不適的惡性循環。我們的肌肉會習慣不斷地用力，耗費很多不必要的力氣。

放鬆是一個老生常談，但你能夠覺察自己目前是緊繃、還是放鬆狀態嗎？

請跟著下圖的示意，體驗緊繃和放鬆的不同。

STEP 1	STEP 2
從1數到5，逐漸握緊拳頭。數到5的時候，將拳頭握到最緊，並感受肌肉的緊繃。	從5數回1，慢慢地放鬆拳頭。數到1的時候，手完全不出力，感受肌肉的放鬆。

握緊拳頭 　　　　　　　完全放鬆

藉由上述的過程，從最緊繃到最放鬆，體驗手部肌肉緊繃和放鬆時的差異，下次就更能夠察覺肌肉的緊繃了！

這個方法也可以用在肩膀、大腿或任何需要放鬆的地方。時常注意你的身體是否正在過度的用力，來檢視生活的壓力是不是過大，並運用這個技巧讓身體放鬆下來吧！

想像力會帶我們翱翔

大腦的想像力也是讓我們放鬆的好幫手。

想像一下，放假的時候如果一想到工作，身體也會開始緊張起來。相反的，就算沒有在放假，只要想像一下放假的感受，身心也可以進入無事一身輕的舒服狀態！

請依序閱讀下頁的「想像練習」，並一邊嘗試做做看。在腦海中想像出一個類似度假的場景，細細體會放鬆的感受。

找一個舒服的空間，用你最舒服的姿勢
讓匆忙的心情先沉澱下來
腦袋可能會飄過很多念頭，沒關係，不用特別做什麼

專注在自己的呼吸
吸氣、吐氣，讓每一次的吐氣越來越長、越來越慢
動一動肩膀，讓肩膀放鬆

想像自己在一個很舒服的地方，可能是海邊或草原
想像藍天白雲微微的海風或山嵐吹向自己
閉上眼睛，繼續專注在呼吸，感覺身體的放鬆

與情緒相伴的新生活提案

撫平內在波瀾的感官力

你曾經有過明明不想緊張、擔心，腦中卻不斷反覆想著同一件事情，想放鬆也放鬆不了的經驗嗎？

硬是「不要去想」，可能讓我們反而更容易想到某件事，而愈想愈焦慮。這時，可以透過將注意力聚焦到特定的事情上，找回腦袋的主控權。

「感官練習」可以幫助我們從波濤洶湧的思緒中解脫出來。請選擇一種感官，在焦慮的時候，跟隨下頁的步驟，將注意力專注在這些感官上，去體驗純粹的感官力。

進行此練習時，不用擔心做錯，可以慢慢的嘗試與感受。

透過這個方式，我們能將注意力定錨，避免沒有效果的窮擔心。就像是幫大腦做了伸展操，也會讓自己在焦慮時可以有更多的選擇性。

視覺

1. 抬頭看看周圍環境
2. 尋找五種不同的顏色
3. 找到後，在心中默默確認
「我看見白色的日光燈」
「我看見咖啡色的紙袋」
4. 繼續尋找更多顏色

聽覺

1. 閉上眼睛，深呼吸
2. 聆聽周遭五種不同的聲音
3. 找到後，在心中默默確認
「有一個很小的冷氣聲」
「我聽到自己的呼吸聲」
4. 繼續尋找更多聲音

觸覺

1. 尋找五種可以碰觸的物體
2. 用指尖輕輕碰觸，感受物體的材質
3. 碰觸後，在心中默默確認
「衣服的布料很滑順」
「大理石桌很冰冷」
4. 繼續觸摸更多物件

無意義感

這輩子，感覺從來沒有為自己活過

從小就憧憬婚姻的芬芬，很早就結婚、生小孩，並住進先生家。有了第二個孩子後，更乾脆地把工作辭掉，決定專心當家庭主婦。

不過，先生不太負擔家務，連孩子的教養、公婆的身體照料都當成是老婆一個人的事情，家中的大小事務幾乎都是芬芬一人獨力完成，讓她感到心力交瘁。

近幾年，夫妻倆變得愈來愈容易吵架。芬芬哀怨自己的生活只為家庭團團轉、毫無品質，老公卻批評芬芬無理取鬧，覺得這本來就該是妻子的義務。

這樣的吵吵鬧鬧經過多年，兩人最後還是走向了離異。更糟的是，因為在法院情緒失控，芬芬還失去了孩子的撫養權。

沒有經濟基礎的芬芬，孤身離開住了多年的家，生活頓時失去了意義。她開始尋找租屋，並試著找工作。婚前明明相當能幹的她，如今卻找不到適合、滿意的工作，未來的路好像一天比一天黑暗。

最後，芬芬不僅開始覺得過去的付出沒有任何意義，也不知道現在該如何走下去。她常常想：「真不知道人生有什麼意義？」「為什麼婚姻和我想像的差這麼多？不是應該從此過著幸福快樂的日子嗎？」「結婚以後都在為別人付出，也沒人感謝過我，我的人生真是一敗塗地。現在也不知道可以期待什麼了⋯⋯」

小學作文課，總會寫到這個題目：「我的夢想」。

那時，還是孩子的我們，都能夠寫出很多很厲害的夢想，想當舞蹈家、太空人、總統、大老闆、做一個賢妻良母，或是當一個好爸爸。

長大後，我們卻離夢想愈來愈遠。甚至還有人把夢想當成笑話來看。想當大老闆的人在商場上冒險犯難，但是做生意有賺有賠，還沒賺到大錢，就先虧損到籌不出下個月的房租費。

想當好太太、好先生的人，對婚姻抱有著美好的願景，卻發現對方終究不是完美的情人，太多複雜的事情，讓人在婚姻中迷失了自己。

想當作家的人，總是幻想自己的書登上排行版，被人稱讚和肯定。但是最後卻淪落在公家單位，用優美的文筆撰寫千篇一律的公文。

人生故事的劇本，經常與原本預期相差甚遠。當不滿意的成分愈來愈多，我們便會感到空虛、覺得生活失去了意義，甚至，開始不喜歡現在的自己，覺得一切都是一場錯誤。

也有些時候，這種空洞來自於生活的重大轉變。將孩子從小拉拔到大，一升上大學，孩子就翅膀硬了、離家翱翔，父

母親就可能會一下子難以適應過來。或是人生遭逢重大變故，失去親人、與朋友絕交、正處人生及事業巔峰，卻拿到一張重大傷病診斷書，這些事情也都會讓我們開始懷疑自己的人生。

一切是不是沒有意義了？我還要怎麼活下去？

親愛的，你也曾經有這樣的時刻嗎？

埋首工作許久，突然在一瞬間清醒過來，問自己為什麼要這麼努力？這一切努力的價值是什麼？或是週末躺在床上，什麼都不想做，不曉得為何而做，連起床的動力都沒有。

有時候，你甚至說不上來為什麼覺得空虛？只是對一切都非常討厭，非常「厭世」。

「我到底是為誰而活？到底是為什麼而活？」然而這個問題，卻想破頭也想不出解答。

意義感，可以說是人最特別的一種渴望。就算生活過得衣食無缺，心靈上若找不到意義，一切就是不對勁。就像是心裡面內建了一個意義感的指標，達到了就會活得心安理得，達不到，就會連睡都睡不好。

不夠喜歡、不夠滿意的生活，真令人討厭！ 為什麼人生

不像童話故事一樣簡單？打敗了魔王，從此就有幸福？現實的故事，意義卻得來不易。

　　年輕的蘇蕾卡（Suleika Jaouad），和大多人一樣，也有過屬於自己最美麗的夢想：成為一位戰地記者，然而 22 歲的她卻發現自己罹患了白血病，至此，她的生活便只剩下一個目標：活下去！

　　治療數年，雖然幸運治癒，她卻發現人生也沒有突然變得有意義。疾病留在身心上的印記、對復發的恐懼，讓她從來沒有感覺痊癒。原本的夢想、男友、工作、生活環境早已天差地遠，一切都變了。人生的意義還能如往嗎？

　　後來，她將自己面對治療、倖存的生活寫在報社專欄，得到許多的迴響，但依舊沒找到人生意義的她，決定來一趟實際的旅程，拜訪那些令她很有興趣的讀者朋友。

　　沒想到，這趟旅程改變了她的生命。其中一個讀者以自身的生命經驗向蘇蕾卡建議：「擁抱未知，坦然接受新的愛與失。」

　　起初，她並未放在心上。但是隨著她的旅程，拜訪一個又一個生命經歷皆不同的讀者，與這些人建立關係，並想要記錄他們的故事時，她開始重新發掘到新的意義。

生命的意義是什麼？古今中外，有多少哲學家、心理學家、藝術家在探索這個問題。

人的一生，身上都有很多角色，可能是父母、也同時是小孩，也是學生，也是員工，也是某人的朋友。這些角色，都會伴隨著某些期待，某些應該要達到的目標。然而在某個時間點，我們也會經歷失落、空缺或改變，而失去了這些角色和其背後所代表的意義。

我們在人生中，一次又一次的建立起自己想要的意義，卻在生命中一次又一次的失去，感到空虛，再重建。

存在心理治療師法蘭克（Viktor Frankl）曾經歷二次大戰的集中營，並反覆思索：為什麼人生充滿這麼可怕的苦難？從集中營倖存的他，最後得出一個結論：「人生本來就沒有意義，但是人會從當下的環境中，靠自己創造出意義。」

現實與理想的不符，會讓我們不敢再相信，生命可以很美麗。然而生命意義的答案並不會是固定的，永遠會流動、改變、破壞、或重生。

這次不妨走下去，探索更多人生的體驗，與其遺憾目前的人生不夠有意義，不如在現有的環境中，嘗試有哪些事情可

以有意義。

　　「擁抱未知，坦然接受新的愛與失。」未來總會繼續面對新的得與失。當我們能夠細細去體驗，才知道其中酸甜苦辣，也許各有意義。

「你的生活並不是為了展示而存在。」
「要相信自己的價值。擔心自己有沒有價值，並沒有意義。」
「每個人都會小看自己的人生，覺得別人的人生很有成就、很理想。」

——愛默生（Ralph Waldo Emerson）

嚐一口生命的滋味

在一個安靜的夜晚，找不到人生方向的你，獨自走進了酒吧。

最近的生活總是一成不變，儘管被塞得滿滿的，卻好空洞。

「人生的意義到底是什麼？」你問調酒師。

「讓我為你調一杯酒，道盡你的生命故事。告訴我，你曾為哪些事情用心付出？」調酒師說。

讓我們一起回顧目前的生活，你的人生是由哪些重要的成分組成？例如家庭、感情、朋友、事業、興趣等，請盡量發想，並寫在下圖的空格上。寫完後，將花費你心力最多的事情，填上數字1，第二多的填上數字2，以此類推。

EX：照顧未滿月的小孩 ⟮ 2 ⟯   EX：工作賺錢 ⟮ 1 ⟯

_____ ⟮ ⟯   _____ ⟮ ⟯

_____ ⟮ ⟯   _____ ⟮ ⟯

_____ ⟮ ⟯   _____ ⟮ ⟯

體驗人生的酸甜苦辣

一陣玻璃敲擊聲後，你的調酒完成了。

酒杯裡有你的青春、你的過往、血淚與汗水。在昏暗的燈光下，透出複雜而深邃的色彩。

調酒師將它遞給了你，還有很多想問你的問題。請在品嚐之餘，試想你會怎麼回答以下的問題：

Q1

嘗一嘗，這杯特調是什麼風味？酸、甜、苦、辣，你會怎麼形容？

Q2

這些味道分別來自哪些成分？對你來說，最重要的是哪一個呢？

與情緒相伴的新生活提案

Q3

想想為什麼你願意為了最重要的那部分花費這麼多的心血呢?

Q4

有哪一個成分,是你覺得太多了,想要少一點?哪一個成分太少了,想變多?

也許目前花費你最多心力的事情,並不是你現在真正想要的。也許你從沒發現,所有的努力,當初都有一股充滿熱忱的初衷。現在的你,還喜歡自己的這杯特調嗎?

拾起感動的碎片

那些生命中不同片段的滋味，有些想必非常苦澀，有些則非常香甜。

總有些時刻，我們會覺得人生特別有意義。原因可能是發生了讓你感動的事情、或是過得非常充實。讓我們從記憶中把這些美好片刻給拾回，找回曾經有過的熱愛與意義。

將生命中感動的、熱忱的、有意義的故事，寫在下方的圖案中，並想一想這些回憶對你的重要性。

生命中最讓你感動的回憶有哪些？

你曾對哪些事情很有熱忱？為什麼？

和哪些人相處曾讓你覺得很有意義？

感動的回憶會反映出我們能從什麼事情中會得到喜悅。

有些人也許是記憶中的第一次冒險，有些人也許是回想到自己的努力終於被看到的那一刻。可能也有人最懷念在平凡的日子裡，在咖啡店享用一杯熱騰騰的咖啡。每個人的答案都可能很不一樣。

如果生命來到盡頭

美好的片刻不一定會長久,這時候也許我們可以去創造,或是重新檢視自己的人生還可以做什麼,讓生活變得更有意思?

當時間有限時,往往更能襯托出我們內心真正想要的事情。如果生命所剩無幾,你會想要怎麼過?想利用這些時間做什麼?和誰相處呢?請試著想像在下面三種不同時間下,你會想要過怎麼樣的人生?

如果我的生命只剩下……		
一天 我想要做什麼	一個月 我想要做什麼	一年 我想要做什麼

寫完後，回頭檢視，不同的時間有不一樣的答案嗎？為什麼？
這些事情，是不是都是生命中對我們有特殊意義的事情呢？

整理我的意義清單

要讓生命變得夠有意義，最重要的就是展開行動。
以下蒐集出許多人會感覺有意義的活動，不一定適合每個人，
但可以提供參考。如果有任何項目，是希望未來的生活裡可以
有的，就在框框中打勾；也可參考前面的回答，在空白處填上
更符合你喜好的答案。

☐ 和朋友見面	☐ 與家人相聚
☐ 學習新知識	☐ 重新布置自己的家
☐ 做一件冒險的事	☐ 拒絕不要的事情
☐ 找到伴侶	☐ 紀念重要的過往
☐ 作有成就	☐ 開始做運動
☐ 多為自己一點	☐ 吃一頓美食
☐	☐
☐	☐

我們可以從現在開始，為自己的未來做規畫，讓每一天都更有意義一點。不需要找多麼了不起的答案，或是多麼大的功成名就。只要每一天我們對自己的人生更滿意一點，更喜歡一點，生活就會變得不一樣。

接著請想想看，從現在開始你可以做什麼？在下面的雲朵中列出短期內就可以做到的事情，展開一段屬於你人生的計畫。

今天可以開始做……

這週可以開始做……

與情緒相伴的新生活提案

本月可以開始做……

_____

_____

_____

今年可以開始做……

_____

_____

_____

人際困擾
為什麼總是被誤解？
要怎樣做別人才會懂我？

經過一番努力，原在南部讀書的 Steve，終於考到北部想要的大學。本來很開心的他，卻在開學後沒多久，發現同學們都與他保持著距離。尤其是要分組報告時，沒有一組願意接納他。

他無意間聽到，同學似乎都認為他很難搞、脾氣很差，這讓他百思不得其解。不知該如何是好的 Steve，也只能向老師要求一個人報告，感到相當鬱卒。

「為什麼大家都不喜歡我？我到底做錯了什麼？」Steve 回想在南部求學時，雖然不是自己喜歡的科系，但同學都很熱情，對他很友善。現在的他覺得自己格格不入，更擔心他的大學生活是不是要永遠一個人度過？

每天出門上課前，Steve 都很苦惱：「我今天要說什麼才對？要做什麼別人才會理我？」漸漸的，他連課都不太想去上了。

幸好，過了一個學期，喜歡音樂的 Steve 加入管弦樂社，認識了幾個別系的同學，和他們成為了朋友，也不需要再一個人吃飯了，這讓 Steve 對大學生活再次燃起希望。

不過，他最近才終於聽說，原來當時人際關係變差，是因為一位同學對他看不順眼，才導致大家都不敢跟他靠近。委屈的 Steve 很想直接去找那位同學理論，卻擔心會愈描愈黑，讓同學留下更不好的印象。該怎麼修復和同學間的關係，讓 Steve 煩惱不已……

心理學家阿德勒曾說，所有的煩惱都源自人際關係。的確，心裡面的各種情緒，常常源自跟身邊人際網絡的互動；有時是因為想改善人際關係，讓自己變得更好。可以說，尋求滿意的人際連結，是所有人最基本的需求之一。

我們都希望能把每段人際關係都處理得妥善，但這可說是天方夜譚。

想想看，從小，我們總有跟父母的衝突；長大後，我們則會跟同學、同事、伴侶，或甚至路上的陌生人相處不順利。

有時是對方做了我不喜歡的事、不舒服的舉動，也可能是我做了惹惱對方的事、說了句傷到對方的話……

人和人之間的每一個舉動，都可能變成壓力事件。尤其是每個人的想法、感受、行事作風都不一樣，對彼此的期待落差，可能造成雙方對對方感到失望。

其他像是實質的環境因素，例如搬家、辭職、升學，或是彼此一些不良的互動，例如責罵、誤解、吵架、互相攻擊等，甚至可能造成關係破裂。

良好的關係，能讓我們保持幸福與健康。但是，到底該怎麼做？

「我真的沒辦法跟他相處！他真的很煩⋯⋯」

「為什麼總是這樣對我？難道他不知道我很不喜歡⋯⋯」

「為什麼每次都是我讓步？可以有一次你先低頭嗎？」

「從什麼時候開始，我們之間不一樣了，不再這麼靠近彼此了⋯⋯」

親人、朋友、同學、情人，我們可能擁有千百種的人際角色，會有千百種的互動與困擾，有什麼通則可以適用在不同的困境中嗎？有什麼方式可以讓我們在人際中，一帆風順？

親愛的，電視廣告中，總有這樣的畫面

全家人開開心心搭著車，準備去旅行，一路上有說有笑⋯⋯

因為工作太多，留下來加班，同事還準備了便當，慰勞辛苦⋯⋯

一對情侶，坐在沙發上，看著電視，享受美好時光⋯⋯

有時候真的好羨慕，我們的人際關係，怎麼不能像電視上一樣開心、融洽、又幸福？現實往往是每天都有的爭吵、失

望、嫌隙，偶爾想要努力去做點什麼，卻總是一團糟。

是不是我不懂得跟別人相處？你是否也曾經這樣懷疑自己？或是你也常埋怨，為什麼總是遇人不淑，為什麼他們就是不會改變？為什麼，不能睡一覺起來，一切都變好了呢？

其實，人跟人的互動，真的好複雜哦！絕對沒有簡單的公式，或是神奇的解藥，可以一下子就解決人與人的問題。

搞不懂該從哪裡下手，是最可怕的事情！

總希望別人可以照著我們的意思行動，往往是關係會出問題的原因之一。關係是兩人共構的，如果完全沒有意願改變，又得如何解套？

但我們也可以這樣開始盤點我們的人際關係。哪些很難強求、不一定要強求？哪些可以多一點溝通、可以試著改變？甚至，哪些關係造成傷害，需要保持距離？這些都是需要去判斷的。

不想要的關係，可以拒絕嗎？讓人失望的關係，可以結束嗎？這些都沒有標準答案，所以才這麼困難。

不要讓自己是永遠的犧牲者，而是要主動尋求更好的可能性，不管是離開一段沒有希望的關係，還是改善或改變一段

還有希望的關係。

當我們決定要好好經營或改變人際困擾時，卻又常常會因為挫折想要放棄？我付出了這麼多，對方到底有沒有看見？還是，從頭到尾都是我一個人做白工呢？

這時候，「溝通」就是改善人際關係最重要的環節。

溝通的意思，不是「對方要更懂我」或「我要多付出一點」這種單向的循環，而是邀請對方，共同來檢視「我的需要是什麼？」「你的需要是什麼？」，還有「要怎麼做，才可以讓我們都更滿意一點點？」

關係中最可怕的殺手，就是變成「誰對誰錯」的爭執。

如果只有一方是錯的，那另一方不就不用做任何改變、不用負起責任了嗎？我們需要讓關係回歸到兩個人都有責任，不是只有我要做改變，也不是只有對方要做改變，如此才能達到比較長遠的維繫。

更複雜的是，面對不同關係，我們可能需要採取不同的策略。例如與父母的關係，也許不能期待他們像朋友一樣理解我們，但是也許能試著將內心話說出來，讓長輩知道，也接納他們生長的時代、個性，試圖理解如何在差異下彼此尊重包容。

與情人、朋友的關係，反而更適合直接提出彼此的需要，看到彼此的差異。試著找出可以溝通的語言，協調哪些事情可以改變、哪些事情不能。

　　要經營好每一段關係，都需要量身訂做。我們現在的行動，也會決定下一階段相處的方式。你決定了嗎？要一起改變？一起協調？還是保持距離就好？

「生命如此短暫，我們沒有時間爭吵、道歉、傷心。我們只有時間去愛。」

—— 馬克·吐溫（Mark Twain）

人際困擾來自何方

人際關係就像是一場雙人的舞蹈，跳不好的話，就會糾纏得難分難捨，跳得彼此都很失望。兩個不一樣的人，又不能看穿對方的心思，要怎麼讓彼此都滿意，是最困難的地方。

請在下面填寫曾讓你困擾的對象（要寫出具體對象喔！）再將對應的英文字母，填到下方描述心情的括號中（可多選）：

A 家人：＿＿＿＿＿＿＿＿

B 伴侶：＿＿＿＿＿＿＿＿

C 朋友：＿＿＿＿＿＿＿＿

D 同事：＿＿＿＿＿＿＿＿

E 陌生人：＿＿＿＿＿＿＿

F 其他：＿＿＿＿＿＿＿＿

（　　）一開口就吵起來

（　　）總是被誤解

（　　）不知道怎麼表達比較好

（　　）勉強說話但其實不想

（　　）無法理解對方的行為

（　　）想要有自己的空間

（　　）不被對方尊重

（　　）產生裂痕難以修補

（　　）很怕做錯事情被對方罵

（　　）把自己的責任丟到我身上

（　　）無法拒絕對方

人際困擾有百百種，面對不同的對象，你遇到的問題類型相同嗎？哪一種心情最讓你困擾？其實所有的人際關係都是人與人的期待，當期待不同，又無法彼此溝通、調整，就會變得兩敗俱傷。然而，我們也總是期待對方能夠理解我們的需要，結果卻一再落空。

寫下對方的台詞

你說的話讓我感到

因為

與情緒相伴的新生活提案

說不出的心酸血淚

希望別人可以了解自己的想法，我們卻很難對別人坦承真實的
感受。有時是情境不適合，有時是擔心對方也許不在乎。

然而要處理人際關係，我們需要先看到自己在關係中的感受和
期待，並且重視這些感覺。唯有當我們看見自己的需要，才會
知道關係要往哪個方向改變。

請回想一個最常遇到的人際困擾，在左頁的雲朵中寫出印象中
對方會對你說的話，例如：「你為什麼都不懂我」「養你養這
麼大，你卻這樣對我」。並在本頁的雲朵中寫下你的感受、期
待和想說的話。藉由這個練習，讓我們探索，衝突當下難以說
出口的心聲。

我真希望你可以

如果可以，我想對你說

當我們這樣練習表達之後，對方會比較明瞭你的心情嗎？換個位置來想想看，我們說的話會讓對方如何感受呢？對方的心情和想法，我們真的知道嗎？對方對我們的期待又是什麼呢？我們和對方是否仍然在黑暗中，停留在表面的衝突和失望，卻對彼此的感受都不夠了解？

我們本來就不一樣

其實會有這麼多人際困擾，是因為每個人都來自不同的家庭、環境、文化。你想要的對方不一定想要；你表達情緒的方法，和對方也不一樣。

當我們不斷期待對方要照自己的意思，或是我們一味的去配合別人時，關係就會漸漸變質。

下頁有四個截然不同的例子，你覺得他們分別會用哪一種方式溝通？將對應的答案連在一起。

與妻子吵架的先生，從小不會表達情緒，曾因為向父母哭訴而被打。

看到閨密最近結婚生子，雖然很開心，卻因自己孤身一人感到忌妒。

看到下屬犯錯的上司，因為從別的公司空降，從未做過基層業務。

女兒上大學常不回家，母親難以接受。她年輕時被教導女性要顧家。

不分對錯，大罵對方的不對

把自己封閉起來，沉默面對

講話中帶刺，變得難以靠近

給予極大壓力希望對方改變

想一想，如果是你要和他們溝通，你會不會因為他們的不同，而採取不一樣的方式應對？

我們需要理解「我不是你，你也不是我」這件事情，兩個人不應該要有一方委曲求全。而是彼此的差異都要被互相被尊重。

我接受你一點，你也接受我一點，透過彼此溝通，才會找到關係的平衡點。

溝通決定關係品質

要學會溝通，讓我們借鏡治療大師薩提爾（Virginia Satir）提出的理論。薩提爾認為人與人的溝通，有四種「不一致的溝通型態」，這些溝通方式會導致溝通過程出現問題。

請你閱讀下列溝通型態的特色與台詞，想一想在困擾中，你比較常用哪個姿態溝通？

指責型

【溝通特色】常以生氣作反應，數落對方的不是，較難看見自己也有責任。

【常見台詞】「你這樣做不對」「都是你的錯」「怎麼可以這樣對我」

討好型

【溝通特色】經常為了維持和諧，委曲求全，害怕衝突，害怕他人生氣。

【常見台詞】「都是我不好」「你說的對，我錯了」「包在我身上」

與情緒相伴的新生活提案

超理智型

【溝通特色】較少正視雙方感受，擅長用邏輯
分析。容易設定太高標準。

【常見台詞】「人要理性一點」「照理講應該
是…」「生氣幹嘛？有用嗎？」（生氣可換成
各種情緒）

打岔型

【溝通特色】用轉移話題來避免衝突，導致問
題常常沒有辦法有效的溝通。

【常見台詞】「讓我們做點別的」「我想到另一
件事情」「欸，有一次……」（創意地轉移話
題）

增加你的可能性

上述的溝通姿態並沒有對錯與好壞，可能在當下很有效果，但若關係中的雙方只能不斷重複僵化的溝通姿態，通常會失去一開始的效果，形成無用的惡性循環。

要打破僵局，可以先嘗試增加彈性！習慣指責的人，偶爾討好一下對方；習慣打岔的人，偶爾直接提出希望對方改變的地方。改變現有的模式，也許會讓衝突中的對方大吃一驚，也開始有所反思哦！

下方面針對四種溝通姿態，分別列出了一些建議。當你不知道要怎麼改變現有的溝通模式，可以參考下面的語句練習看看：

指責型溝通建議

練習用「我訊息」開口表達自己的感受或需要，減少溝通時對方的壓力與罪惡感。例如：「我很生氣，我需要你安慰我而不是給我建議。」「我需要你用溫和一點的方式跟我說話。」

討好型溝通建議

練習重視自己的需求並表達出來，以免過度配合別人，使對方不了解你的需要。例如：「我會改進，但是我們兩個人應該都有責任。」「我現在沒有辦法配合你，因為我也很生氣。」

超理智型溝通建議

表現脆弱沒有關係，雖然有情緒的時候比較沒辦法掌握一切，但是會讓人感覺更親近。例如：「會吵架很正常，但其實我很不能接受。」「我好挫折，真不懂為什麼我們會搞成這樣。」

打岔型溝通建議

在避開衝突後，記得回頭來重新開啟溝通，以免問題一再發生。例如：「剛剛那件事，我還有點在意，我想跟你說……」「雖然很想假裝沒事，但我還是想跟你討論……」

設定界限，進退有據

溝通固然是解決人際困擾中重要的方式，並非每段關係都可以靠溝通解決。如果對方沒有辦法做任何妥協，無法對你表現尊重，我們也可以選擇離開這段關係，或保持距離。

所以我們要學習建立自己的「底線」。哪些事情是我絕對無法忍受，也不希望發生在人際關係中的？哪些事情是可以妥協也沒有關係、可以有所讓步？亦或是有某些事情我心情好的時候OK，但我情緒很差的時候就不可以？

請一邊檢視現有的人際關係，一邊在下頁寫下自己的答案：

可以妥協的事情
例如：生活習慣

無法妥協的事情
例如：謾罵、提分手

與情緒相伴的新生活提案

人跟人的底線是可以變動的。面對不同的情緒、不同的人，我們的底線也會有所不同。你對我的底線，我對你的底線，也不盡相同。

如果在關係中，有一方總是要跨越這條底線，甚至要求「你一定要照著我的意思、接受我的一切」，這時人跟人的界線就模糊了。

我們要適時選擇保護自己，不過同樣的，也要試著去了解別人的底線是什麼，不能夠對別人予取予求。明確了解並實踐自己的底線，也是擁有好的人際關係的重點之一哦！

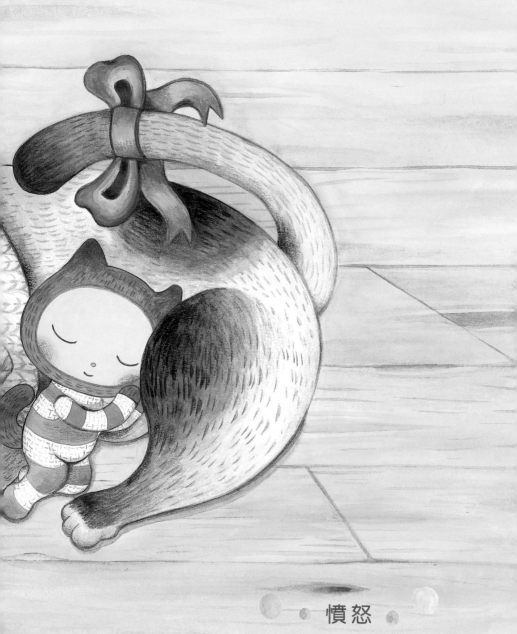

憤怒

X！太可惡了！

怎麼可以這樣對我！

平時溫柔、和善的金媽媽，在乳癌治療的最初，對醫護人員都顯得恭謙有禮。

然而隨著治療後的副作用愈來愈嚴重，加上腫瘤依舊沒有好轉，陪伴治療的兒女漸漸發現，媽媽愈來愈沒有耐心了。

「為什麼沒有效、醫生都騙人的！」「醫師到底會不會治療阿，怎麼可能治不好？」是最近金媽媽經常掛在口中的抱怨。她的怒氣炮口甚至開始轉向兒女們，抱怨兒女什麼事也做不好。

金媽媽常怨嘆：「養這麼多孩子有什麼路用！」有一次，金媽媽甚至對無辜的護理師發火，讓兒女覺得又驚訝又抱歉。

兒女試著勸導媽媽，「醫師、護理師都很盡力在幫

忙」，沒想到，金媽媽不但聽不進去，更對著兒女罵不體貼、不孝順，講著講著又哭了起來。

兒女急忙上前握著媽媽的手，心裡滿是心疼，卻又不知所措。這時候，金媽媽才終於說出心裡話：「我都有在拜拜，佛祖怎麼沒保佑我？」「我一生又沒做什麼壞事，怎麼會被這樣懲罰？」

原來那些生氣、抱怨的背後，藏著金媽媽深深的挫折與怨嘆。

面對突如而來的疾病，心裡面的不平衡，沒有人教她如何消化、怎麼承受……

生氣、憤怒的感受，有時候是人在面對痛苦時，所激發出來的心理狀態。

遠古時代的人類，透過這樣的生氣對抗野獸。面對難以應付的威脅，人類會進入備戰狀態，才有存活的機會。

生氣是幫助生存的必要能量，然而隨著生活環境的複雜，現代人類的生氣型態的可能有百百種。相信大家從小就開始明白生氣這種感覺：

「我想要吃糖果，為什麼不能再吃？」
「為什麼不讓我出去玩？」
「你憑什麼罵我？」

長大以後，我們也會遭遇很多事情，讓我們切身體驗到身體內的這把火。像是錢包被偷、上司無故怒罵、另一半出軌、小孩怎麼教也教不會、事業不順等。

這些遇到不如意，和預期落差太大的情況，都會讓人很沮喪、很生氣。無論是哪一種，這樣的心情往往都跟某種不公平、不合理的感受有關。我們可以會因為不滿意現況而想要反抗，這就是生氣的力量。

疾病也經常是怒氣的來源之一。明明我比他人有更好的

生活習慣，為什麼卻是我得到癌症？這種晴天霹靂，會讓人累積無處發洩的憤怒。

痛苦的感覺無法轉化時，很常會變成怒氣向外釋放，被波及的旁人恐怕很難理解，只能勸說「不要生氣」。

然而，不生氣有這麼簡單嗎？我也不想生氣啊，可是我就是有這種感覺……面對怒氣，有沒有什麼好方法可以消除呢？

親愛的，這種掙扎是多數人的心聲

從小到大，很多人會告訴我們：「不可以生氣」，卻沒有人教過我們該怎麼生氣才對。

「生氣會長皺紋！」

「生氣只是在懲罰自己。」

「怎麼可以對長輩生氣？長輩就算有錯，你也不可以這樣說話！」

美國博學家富蘭克林也說過：「憤怒起於愚昧，而終於悔恨。」我們不想因為生憤怒而導致錯誤的判斷，做出會傷害

別人的行為；也好怕因為憤怒，發生會讓自己後悔的事。

然而生氣從來不是一件該被禁止的事情！

如果不正視怒氣，反而會導致另一種問題。研究顯示，不斷壓抑、累積怒氣，很可能大大傷害我們的健康及情緒，讓身體一直處於壓力狀態。不被表達的憤怒，最後積勞成疾！

而且，如果我們不傾聽生氣的聲音，不就失去了改變不公平、不合理的環境的機會嗎？

其實每一個生氣的聲音中，都有值得被看見的渴望。

「怒髮衝冠，憑欄處，瀟瀟雨歇。擡望眼，仰天長嘯，壯懷激烈。」宋代名將岳飛因愛國激憤滿溢寫下的《滿江紅‧寫懷》，深刻寫出憤怒的生理表現以及其意義。因為愛國，所以才生氣；因為在乎，所以生氣！這就是生氣所隱含的重要意義。

所以，我們當然，也應該在需要生氣的時候，好好生氣！就算別人不願意接納，我們也可以給予自己的情緒，一個空間，可以被安放的位置。在那裡，我們知道，為什麼生氣，覺得不合理、不公平的事情是什麼。

生氣的對象有很多，有時候我們是氣別人，有時候是氣自己；也有時候是對發生的一切無法接受而生氣。對別人生的氣裡，常帶有自己對他人的期待，或是對人生遭遇的無奈和渴望。

　　但你要好好的認識自己的怒氣，才有機會「化悲憤為力量」！當我們覺察到自己因為某件事情生氣了，然後進一步了解生氣的原因，我們就會知道想要改變的是什麼東西。

　　而知道自己要「以什麼方式來表達這個憤怒？」也很重要。以不會傷害他人的方式來表達，就會發現改變的契機，沒有想像的那麼困難。

　　最困難的，其實是接納自己正在生氣。這是請你告訴自己，生氣也沒關係的。

　　「當我們遇到不順的事，不要逃避，面對它、接
　　　受它、處理它，然後放下它。」

——聖嚴法師

生氣和罵人是不一樣的

很多人以為生氣就代表罵人、吵架，甚至是暴力攻擊。

其實，破壞性的行為只是生氣的其中一種表達方式，怒氣也可以用建設性的方式來表達。

請在腦中想想有哪些事讓你怒火中燒？並想一想，你常用的憤怒表達方式有哪些，進行勾選。

破壞性的表達方式	建設性的表達方式
☐ 怒嗆回去、批評缺點	☐ 表達感受與訴求
☐ 自暴自棄	☐ 積極爭取合理的對待
☐ 用肢體暴力反擊	☐ 向朋友抱怨
☐ 策畫如何復仇	☐ 運動打球發洩體力
☐ _____	☐ _____
☐ _____	☐ _____
☐ _____	☐ _____

憤怒因應三步驟

我們要練習的不是不生氣，而是如何好好的生氣。

把怒氣想像成一隻猛獸，我們就是野獸的馴獸師。好好的馴服牠，怒氣就會是我們進步的好幫手。

當你正在生氣的當下，可以把握以下三個步驟，為生氣做緊急處理：

STEP 1	STEP 2	STEP 3
給自己空間 暫停一下	培養不同方式 處理生氣	建設性思考 再開始行動

給自己一點緩衝空間：給情緒一段暫停時間

生氣的情緒往往來得快又強烈，我們需要學習，在生氣的當下覺察到自己正在經歷什麼樣的身心反應。

以下的生理與行為跡象都是生氣發生時經常會有的表現。你是否有過類似的經驗？生氣時，請注意自己的身體變化，並將符合你表現的詞彙勾起來，想一想，你都會如何因應這些身體或心理上的變化？

□頭痛	□用力咬牙
□講話變大聲	□感覺變熱、流汗
□肌肉顫抖	□眉頭皺緊
□全身緊繃	□想摔東西
□腦袋一片空白	□緊握拳頭
□來回踱步	□臉部灼熱

當我們發現自己正在為某件事情生氣，先給自己多一點的反應時間。

生氣情緒被引發時，我們經常會搞不太清楚，我現在是在對這個人、還是對這件事情生氣？太快做出反應的結果，就是帶有過多的攻擊性。

以下是發現生氣的第一時間，可以嘗試的「暫停法」，能讓我們給情緒一個緩衝的空間，容許自己探索這個生氣，避免怒氣不斷攀升。

暫停法

意識到「我正在生氣」

深呼吸、吐氣，並接納生氣是正常的過程

不立即反應，避免發生衝突

做點別的事情轉移注意力

或離開現場，利用獨處的時間喘口氣

培養不同方式處理生氣：看見憤怒底下的內在需要

第一步驟的暫停法，不代表要我們不面對生氣的情緒，反而是要創造出更多空間來細細探索。如果只是將怒氣藏起來，他們總有一天會在不經意時爆發開來。

問自己在氣什麼？為什麼這件事情會激怒我？我期待的是什麼？現在發生的事和我的期待落差有多大？參照下方的範例，讓我們釐清在怒氣下那些沒有被滿足的需要，並在空格中試著寫出自己的狀況：

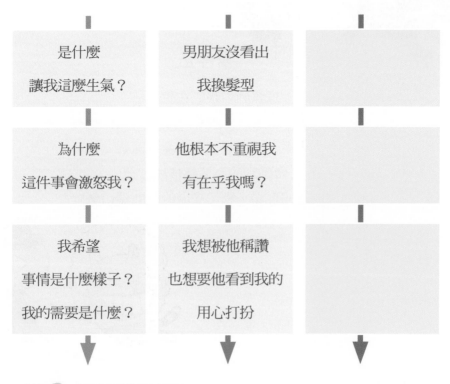

是什麼
讓我這麼生氣？

男朋友沒看出
我換髮型

為什麼
這件事會激怒我？

他根本不重視我
有在乎我嗎？

我希望
事情是什麼樣子？
我的需要是什麼？

我想被他稱讚
也想要他看到我的
用心打扮

當我們能看清怒氣的真實面貌，也才能理解到，其實每一次的生氣裡都有一種正向的意圖：比如希望得到人與人之間的尊重、愛與公平。

無論你的生氣像不像無理取鬧，他的背後都有些真實的渴望。

讓我們透過書寫，一邊紓壓，一邊來探索生氣背後的真實原因：

書寫紓壓法

1. 請準備一張白紙和一支筆。

2. 將白紙對折，再對折。

3. 將白紙重新攤開，會看到白紙被折線分成四個區塊。

4. 在左上區塊中，寫下讓你生氣的事情和原因是什麼？

5. 在左下區塊中，寫下因為這件事產生的心情？

6. 在右上區塊中，寫下你希望事情怎麼轉變比較好？

7. 在右下區塊中，寫下你為了要達成這個改變，需要做些什麼？

最後，將紙按折線對折回去，收在包包或方便取用的地方。未來只要遇到生氣的事情，就可以拿出看一看，想一想。成為面對生氣的好幫手！

建設性思考再開始行動：釐清脈絡後才付諸實行

釐清內在的需要後，才是思考該做什麼的時機。

針對這樣的生氣，我該正面表達嗎？還是有什麼方式，可以促成我心中想要的結果？要以破壞性的方式反應，還是以建設性的方式反應？

下面列出表達生氣的幾個要點及例句，請你試試看拿自己的例子照樣造句，並在生活中嘗試看看，用不一樣的方式表達生氣。漸漸的，你也會逐漸掌握出，屬於你自己的生氣調適方法。

生氣的表達方法

使用溫和、明確的口吻：
✗「我快被你氣死了！」
○「你的態度，是我不爽的原因。」

對事不對人：
✗「你怎麼這麼討人厭！」
○「你做的這件事情很討厭！」

聚焦感受：
✗「忘了紀念日很過分！」
○「忘了紀念日讓我很難過。」

委婉表達訴求：
✗「你插什麼隊！滾！」
○「我想你沒注意到，大家都在排隊。」

李明瑱 Dr. Marion M Lee 提供
加州大學舊金山醫學院榮譽流行病學教授
台灣大學公共衛生學院客座教授
癌症希望基金會榮譽董事
史丹佛大學客座教授
國家衛生研究院研究計畫審查委員

壓力調節劑

以下有 10 個能幫助你自覺的動作，在忙碌生活中，這些動作可以減輕壓力，帶給你心靈上的平靜。這些動作需要緩慢進行，當你的身心靈準備好時，再繼續做下一步。

STEP1

想像你是一棵樹，雙腳微開穩穩站立。

感覺一下你手腳現在的位置。

緩慢的深呼吸，再用 5 至 10 秒鐘把氣均勻的吐出來

感覺一下你的身體有任何疼痛或不適嗎？

STEP2

舉起你的雙臂就像飛機的雙翼，

感受一下你的呼吸，並且給自己一個微笑

STEP3

舉起你的雙手好像要摘下天空的星星，

慢慢地深呼吸。

吐氣時把你的雙手慢慢地放下，
你現在在想什麼呢？

STEP4

想像你是一朵正要綻放的花朵。

在吸氣時，手掌朝上抬起手臂至平行。

在吐氣時，彎曲手肘並用指尖觸摸你的肩膀

想像你是夜晚在休息的花朵

你現在的心情如何呢？

STEP5

想像你是荷蘭草原上的風車

用你的雙手慢慢在空中畫大圈圈

感受一下你吸入身體的空氣

畫一些反方向的圈圈

感受一下你吐氣時的空氣

STEP6

把手放在你的腰，用你的上半身畫一個大圈圈。

你能慢慢地完成這個圈子嗎？

用你的上半身畫一個反方向的大圈圈

你能以更慢的速度完成這個圈子嗎？

你現在在想什麼呢？

STEP7

把手繼續放在腰上，腳趾向外形成一個 V 字型，

就像一個優雅的芭蕾舞者把腳趾踮起。

保持平衡的同時，將膝蓋向外彎曲，輕輕蹲下。

再慢慢起身回到原來踮腳的姿勢，

吐氣，把腳跟放回地面。

感受一下你的腳觸碰到地面的感覺。

STEP8

把一隻手放在腰上，另一隻手扶著牆或穩固的家具，

在維持平衡的狀態下，慢慢提起你一邊的膝蓋。

記得要呼吸唷！

伸直你已經抬起的腿，把腳指指向前方，

你有記得呼吸嗎？

把你抬起的腿放回地面，放鬆深呼吸後，

用另一條腿重複相同的動作，

你現在的心情如何呢？

STEP9

把雙手舉高，好像你要觸摸天上的雲彩，

如果身體允許，彎腰用手去觸摸地面

想像你是萬能的女神

將陽光和雨水帶到美麗的土地上，

你覺得土地裡會長出什麼呢？

STEP10

雙腳微開像樹一樣穩穩地站立，

你現在有沒有聽到什麼聲音，或聞到什麼氣味

給自己一個大大的擁抱，你完成了。

孤單

我的歸屬在哪？

好像沒有一個屬於我的地方

小凡有三個哥哥，是家中唯一的女兒，也是唯一沒有結婚的孩子，一直與父母同住。

然而，三年內父母相繼過世，本來就不常回家的哥哥們，也因為各自有了自己的家庭，與小凡漸漸少了聯繫。

小凡開始過著一個人的生活，連過年團圓，都不知道要去哪裡過。一個人旅行時更思念起過世的雙親，心中寂寞不已。

剛交往不久的男朋友工作很忙碌，每每週末休假，不是加班、就得回家幫忙家中餐廳生意，兩人聚少離多，個性也不是那麼相像。

小凡常常在想：「男朋友真的懂我嗎？真的需要我嗎？」

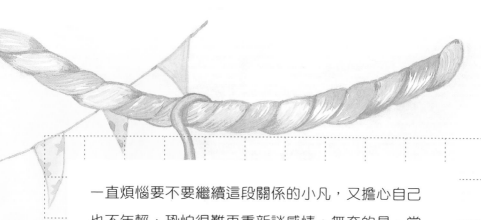

一直煩惱要不要繼續這段關係的小凡，又擔心自己
也不年輕，恐怕很難再重新談感情。無奈的是，當
她想找人聊一聊這樣猶豫的心情時，卻發現根本不
知道該找誰說。

儘管工作依舊忙碌，生活充實，也還有不少朋友，
但是卻沒有一個朋友能讓小凡真正的依靠。她的內
心越來越孤單，尤其是最近一個人聽情歌、一個人
吃晚餐時，居然寂寞到想掉淚……

想一想，有多少動人的情歌，都是以孤單與寂寞為題？多少淒美的歌詞，道出了孤獨的憂愁與滄桑？

而又為什麼，這些歌詞總是讓我們心有戚戚焉？

孤單是人在生命中注定的遭遇。無論白日過得多麼充實，夜深人靜時，我們是一個人；無論人際交往多麼豐富，天下沒有不散的宴席，有一天，我們終究回到一個人。

　

每個人都會在人生的某個時刻、某個階段，或在生活的節奏慢下後，發現孤單在不知不覺中悄悄來訪。

也許是獨身一人到異地求學、工作；也許是第一次度過沒有人陪伴的夜晚；也許是出了社會，看到其他人都成家立業，自己只有孤身一人；也許是至親、好友的離世，親密的關係已不在。

沒有熟悉的人、熟悉的面孔，失去了以往的陪伴，或不再被人需要、身邊突然變得冷清的感覺，讓你覺得一切都好陌生，僅剩難以彌補的空缺時，每個人都會被迫面對生命最本質的孤單。

又有時候，不一定是一個人的孤單，兩個人也可能感到寂寞。

網路社群世代的人們，「朋友」的定義、形象愈來愈模

糊，就算身處人群中，也可能覺得自己像是局外人。虛幻的聯繫，似乎讓這世代的人們更容易感到孤單寂寞。

印度詩人泰戈爾（Tagore）說：「孤單是一個人的狂歡，狂歡是一群人的孤單。」然而哪裡才是我的歸屬？誰可以是我依靠的對象？到底怎麼樣才能不孤單……

親愛的，寂靜的空氣總是讓人窒息

下班回家，躺在床上，呆滯地望向天花板，不知道要做什麼。打開冰箱找東西吃，卻發現裡面空蕩蕩的，跟你的心一樣。

「為什麼我這麼孤單？」
「好像哪裡都容不下我……」
「根本沒有人懂我的心情。」

這種空虛感，並不一定代表我們身邊真的沒有家人、朋友。即使是住在同一個屋簷下，天天同床共枕的伴侶，如果只像是剛好住在一起，一點都不熟悉的室友、鄰居，彼此卻不了解、沒有親近的互動，那與陌生人也沒有兩樣。

「心理層面」缺乏歸屬感，是我們會感到孤單、寂寞的原因。

　　美國心理學家馬斯洛曾提出「需求層次理論」。他認為「愛與歸屬」是身為人最基本的需要之一，滿足了情誼與愛，實現相互關心、相互照顧的需要，找到屬於自己的群體、可依靠的對象，人才會去追求更高層次的自我實現。

　　如果我們空有家人、朋友、同事等人際關係，卻沒有實質的歸屬感時，「愛與歸屬」的需求自然也不會被滿足。

　　也許你曾聽過有人說：「你也太耐不住寂寞了吧！」「就是太想依賴別人，才會這麼黏人。」但這些話更像在傷口上灑鹽，讓原本已經很難受的孤單感，再背負著脆弱、依賴的標籤，顯得更加沉重。

　　有時候，孤單和「想要被理解」的感覺有關。

　　經歷分手時，我們會希望有人能懂分手的痛；生重病時，我們也會想要告訴別人，這種心情真的很難受。身邊的人沒有切身經歷，難以感同身受，會導致孤單感愈來愈強烈。

　　沒有被理解和關愛的感受愈強，我們就會愈想找到人依靠，尤其是在這快速變遷的現代社會。

當我們將大多時間花在社群媒體上關心粉絲追蹤人數、如何建立形象，只剩下更少的時間和身邊的人交心，就越難以建立起真實、靠近的關係。

誰想這樣獨自生活在孤單的星球？但是又有誰能夠逃過孤單的命運？

心理治療大師歐文・亞隆在其著作《存在心理治療》中曾提及：「孤獨當然沒有『解決方法』，它是存在的一部份，我們必須面對它，找出一種接納它的方式。與他人的交流是主要的資源，可以減輕孤獨的恐懼。我們都是黝黑大海上的孤獨之船，我們看見其他船上的燈火，雖然無法碰觸這些船，可是它們的存在和相似的處境，卻能提供莫大的慰藉。」

身而為人，就注定要面對孤獨。無論有再多再親近的家人或朋友，生命來到終點時，終究是自己一個人面對，沒有人可以替代。

不孤單的是，我們不是唯一要面對這個問題的人，所有人都面臨著同樣的挑戰。面對孤單。更需要是（歐文・亞隆引用了精神科醫師霍布森的說法）「探索如何以新的方式在孤寂中安住」，如何讓自己在不安中，找到可以安心、感到寬慰的地方。

當我們正視自己正在孤單中，意識到自己對愛與歸屬的

需要是什麼，才能夠成熟地與人建立關係，發掘並主動建立自己的人際交往圈，以得到歸屬感。

不是每個時刻都要與一群人共享，也沒必要每一刻都要求自己獨立面對。在生命中的片刻，有時值得我們去和他人建立真實、靠近的關係；有些時候，值得我們與孤單共處，甚至享受孤單的時光。

要「在孤單中安住」，讓我們先從更認識、更瞭解自己的孤單開始。

「快樂不快樂，與你得到的或失去的關係不大，
卻是與你放下多少有關；你放下的愈多，反而
會得到的愈多」

—— 李明璸（Marion M Lee）

覺察你的孤單時刻

你回憶一下，生活中哪些時候會感到孤單？那是什麼情境呢？你身邊有其他人嗎？發生了什麼事情？

試著完成下面的孤單紀錄表，並以 10 分為最孤單，1 分為最不孤單，在右方為孤單的程度打上分數。

想一想，這些情境有什麼共通點嗎？

有些人，總是在一個人的時候感到孤獨；也有些人，反而是在人群之中，特別難受。孤單不一定代表你總是一個人，孤單也不等於沒有朋友。你會在什麼樣的情境感到孤單，會反應出你所渴求的愛與歸屬是什麼樣貌。

寫下情境	事情的經過與心情	孤單的程度
朋友聚會	大家都聊得很開心，只有我靜靜地吃飯，覺得自己好像不該在那裡。	7

兩種不同的孤單

心理學家懷思（Robert Weiss）曾將孤單分成兩個類別：社會性孤單與情緒性孤單。

請閱讀下方對兩種孤單的敘述，並想一想哪一種比較符合自己的情況？

社會性孤單

缺乏社會連結，較少可以相處或依靠的對象。
常發生在轉換新環境、換工作、或家庭關係疏離、友誼變淡等情況。現實的困境或不好社交往往導致建立關係並不容易。

問題一：過去什麼時候你曾覺得身邊有最多連結？	問題二：現在身邊哪一個人，你最想要拉近關係？

_____

_____

_____

>>

情緒性孤單

儘管身邊不乏連結，卻缺少親密和愛的感受。

常發生在親密關係結束、朋友少深交、家庭較嚴厲等情況。因為很少被真正了解，身邊愈多人，感覺便更加落寞。

問題一：過去誰曾讓你覺得是很了解你的？

問題二：現在身邊有哪個人最有可能可以了解你？

_____

_____

_____

_____

》

_____

_____

_____

_____

面對兩種不同的孤單，我們需要對症下藥，才能緩解孤單的感受。如果身邊的朋友沒有辦法提供歸屬感，我們卻沒有意識到，不斷重複追尋錯誤的目標，最後就還是會以孤單收場。

35 分鐘前

下班後附近酒吧見！不見不散！

2 小時前

今天是小華的生日，記得為他獻上祝福！

6 小時前

小明更新感情狀態：穩定交往中。

昨天

小美上傳與日本東京相關的相簿。

10 分鐘前

聖誕節驚喜優惠，準備好和朋友去哪裡玩了嗎？

剛剛

公司好夥伴 有 67 則訊息。

社會性孤單：你的孤單不是你的孤單

其實，現代社會強調人與人的連結，也是造成孤單的原因之一。

你曾在半夜滑手機，看到社群軟體上的訊息而覺得別人的生活都比自己精采嗎？或因為不想要回覆公司或朋友的訊息而感到厭煩？

左頁是社交軟體中常見的壓力來源，若類似的社群軟體經驗曾經困擾你，請在訊息上打勾，並想一想這些訊息會對你產生什麼影響。

孤單有時候是被襯托出來的。一個人在家，原本過得還挺舒服的，一看到朋友們正在看電影、逛市集、喝酒，就會突然覺得落寞。

屬於社會性孤單的你，可以嘗試使用社群軟體增加人際連結，但是要小心其帶來的負面效果；屬於情緒性孤單的你，也許需要減少社群軟體的使用，刪減好友、追蹤粉絲，留下真正靠近你的好友。

每個人都想在社群軟體上盡力呈現最光鮮亮麗的自己，卻導致更多人擔心自己是邊緣人。我們有沒有可能偶爾關上手機，拒絕社群軟體的情緒勒索呢？

為什麼不想一個人？

一個健康的人，需要同時擁有與人相處和獨處的能力。有時候，正是因為我們難以容忍一個人，孤單寂寞的心情才變成一種困擾。

一個人可以是自由的、隨興的，可以丟掉社交形象、自在做自己，也有很多優點。請參考下方範例，並分別思考孤單一個人會有什麼優點，和別人一起共度會有什麼優點，並試著寫在右方的表格中：

情境	和別人一起做的優點	單獨自己做的優點
看電影	看完可以一起討論劇情 爆米花分著吃也是一種樂趣	想看哪部就挑哪部電影 專心融入劇情的脈絡中
午茶時光	和別人聊天帶來新的體驗 增進和朋友的情誼	隨心所欲自由的安排行程 可以好好念一本自己喜愛的書

情境	和別人一起做的優點	單獨自己做的優點

無論是社會或情緒性孤單的人，都需要學習獨處的哲學。就算身處人群之中，也總有一個人的時刻。能夠獨處，代表我們能掌握自己的安全感。

你有嘗試過一個人旅行嗎？或是一個人享用大餐？孤單的好處也許是我們能夠完全專注在自己的感受上，不用分心給別人。想想看，到底從什麼時候開始，我們以為孤單一定是壞事呢？

主動建立想要的關係

建立新的人際關係，是面對孤單的好方法。與其等別人來找我們，不如自己主動出擊。更重要的是，要找對的人相處。不是每個人都適合，有些人搞不好愈相處愈孤單。

右頁提供你一些可以增進關係的方法，讓你想要尋求連結的時候，可以主動找到適合的人建立關係。

做完右頁的練習，希望你對孤單已經有了更全面的觀點。漸漸的，你會理解到孤單的感受並不是全好或壞的。讓你困擾的同時，有時候也會帶給一些意想不到的事。

對抗孤單的好方法

1. 主動聯繫、找共同話題
不用怕突然連絡很奇怪！對方也可能會感到驚喜，找彼此有興趣的事情開始閒聊吧！

2. 關心對方的生活
想要建立可以信任的關係，首先自己也要成為對方可以依賴的對象。因此，先讓他覺得你是可以傾吐的對象吧！

3. 和好朋友一起出遊
用訊息聊天找不到共同話題，直接約一起吃飯、看電影、去逛街，就會找到一起參與過的話題囉！

4. 真實的表達自己
和別人互動時，如果帶著貫有的社交面具，那最後可能還是會覺得很孤單。試著嶄露自己更真實的一面，讓對方認識真正的你！

沒自信

一定是我不夠好！

小晶上大學後，與班上同學交往，成為一對人人稱羨的班對，幾乎所有時間都跟男友在一起。

沒想到畢業前一個月，男友因為決定到外地留學，便與小晶分手。這突如其來的失戀，讓小晶措手不及，完全無法接受這個事實。

「會不會是我做錯什麼？怎麼會突然就不愛了呢？」小晶百思不得其解，甚至開始懷疑：「一定是我不夠好才會被拋棄。」

還沒有從分手的震驚中復原，小晶對畢業後的生活更是茫然。

大學四年的生活，她都是圍繞著男朋友轉，小晶根本從沒想過工作、未來出路，也不知道自己到底有什麼專長、興趣。

與情緒相伴的新生活提案

混亂之中，小晶報考了研究所，卻沒有收到錄取通知；只好試著開始找工作，卻也非常不順利。愈來愈擔心沒有出路的她，現在天天想著：「我真的好沒用！」

不想再找工作的小晶，每天都在家跟爸媽大眼瞪小眼，起衝突的次數也隨之變多，讓她不禁覺得：「你們以前都不管我、不理我，現在幹嘛對我這麼多意見？原來，我就是這麼爛，難道前男友也是因為這樣才離開我的嗎？我果然不值得被愛……」

愈來愈糟的念頭每天在她心頭盤旋……

沒自信是對自己能力、個性或特質的「拒絕」。就像是列出一張有關優點的清單，卻全部打上叉叉一樣，這種「一無是處」的感覺，讓人好挫敗。

「我真的很不如人，連長相都很難看……」
「家世背景也不好，沒什麼可以炫耀的地方……」
「我就是做不到，給我一輩子的時間也學不會！」

不知道為什麼，我們總會發現身邊的人都比自己厲害，都距離我們好遠好遠。就算我有一兩項值得說嘴的經歷，也比不上其他強者。

我的工作薪水還不錯，但是說到那個在科學園區工作的國中同學，在他面前實在抬不起頭；平時總是侃侃而談，但是當我要站在台上，表現自己的時候，卻覺得自己思緒混亂，只想溜之大吉。

沒自信很多時候是比較而來。表現得不夠好、沒有比別人更厲害，都會讓我們覺得很自卑，認為自己應該要做得更好一點，甚至不斷貶低自己，反而忽略了自己擅長、較不錯的處境及能力。

有些人的成長過程，很少有被稱讚的經驗，經常是「做什麼都錯、做什麼都被罵」。在這樣的環境下長大，不自覺地給自己冠上「一無是處」的標籤，認為一切都是自己的不對。

　　若這些形成一種難以撼動的信念，更常自覺無能為力。分手了，一定是自己不好；工作不順利，也一定是自己不好；最後，就連吃飯的時候，店員送錯餐點，都覺得是自己的錯。

　　甚至有時候，這樣的人過分誇耀自己的無能當作擋箭牌，一切都是因為我不夠好，所以不是我沒有努力；反正結果一定會失敗，我就不再用盡全力了；不努力去做，也就不用承擔責任。

　　「要是我爸媽跟他爸媽一樣有錢，我也會一樣成功啊！」
　　「他們不過就是因為長得好看，才會做什麼都順利！」

　　這種沒自信，會變成一種自暴自棄，貶低自己又貶低他人。然而這種埋怨並不會改變沒自信的狀態，所以到頭來，問題一樣沒有解決。

親愛的，沒有一種魔法，
能讓你一夕之間變得自信

從小到大，我們都從別人那聽過許多關於自己的評語：「好學生」「壞學生」「乖女兒」「表現得真好」等。

這些評語，有時可能只是無心的稱讚或批評，卻在我們心中留下深刻的印象。尤其來自父母親、老師、重要的朋友或情人，愈親近的評價往往在心中烙印得愈深刻。

像是搜尋引擎上的評分留言，我們透過別人的評語，了解自己是否受人喜歡？自己的表現是三顆星、四顆星，還是五顆星？

在台灣社會中，多數人接受填鴨式教育，偏重於升學、成績的教養策略，導致成長過程中，接受較多的鞭策、激勵或負面評價。

「為什麼這麼笨？教了這麼多次還學不會？」
「現在考不好，以後有哪個工作會要你？」

漸漸的，我們也會開始將這些評價，深深地放在心中，因而覺得自己是有缺陷的、不如人的，長大後仍擺脫不掉內心的自卑感受。

最後，我們再也沒有辦法客觀的看待自己了。因為過度關注在自己的缺點，我們便沒有機會主動瞭解自己的特質、興趣或潛力。只能在生活中，不斷的問：為什麼我不行？為什麼別人就可以做到？為什麼我就是比不上別人？

　　像這樣開始持續比較社會主流的標準的同時，也不再追問自己真心想要的是什麼。

　　你是否也發現，這樣就像是戴上有色的眼鏡，怎麼樣都只看得到自己的缺點？適度的自我檢討會讓一個人進步，然而過度的檢討則會造成反效果，讓人「愈檢討，愈沒自信」。

　　我們更需要的是同時看見自己的優點、缺點，保持內心水平的彈性，不再過於極端。自信過了頭，其實也是一種沒自信。因為內心太害怕別人的負面評價，只好自己先打高分，用極端的自信，掩飾心中的不安。

　　良好的自信，並不是「自以為」，而是在相信自己和現實情境取得良好的平衡。需要確實的自我覺察，並能接納真實的自我。

　　我確實有做不好的地方，但我也有些地方做得還不錯。我能不能接受身為一個正常的人，我就是同時擁有好與不好？

　　也許我們都需要試著去完成一些功課，了解過去的我們曾經遭受挫折與評價，也在一次又一次的失敗與批判中，提不

起自信。但是，我們至少可以從現在開始，重新審視看待自己的態度。

別人離開我，真的是我的錯嗎？我遭遇到這些挫折，真的是因為我不好嗎？這些事件也許都不是「因果關係」。

這些挫折，更可能是生命中難以控制的事情。每個人的人生都有不完美，不一定每件事都能掌握在手中。也許，我們既沒有做錯、也沒有不好，不用過度膨脹、也不用刻意自貶，如實地接納我們正在面對的事情。

請提醒自己那句老話：「我的快樂或痛苦，都是我自己能決定的！」雖然苦難不是我們選擇的，但我們可以選擇面對苦難的態度，可以選擇面對自己的態度。有美必有醜，有好必有壞，同時兼顧，才會是健康的自信心。

「樂觀主義者看到的是甜甜圈，悲觀主義者只看到（甜甜圈）中間的洞。」
—— 伍德羅・威爾遜（Woodrow Wilson）

「我們都是星星，我們都應該閃閃發亮。」
—— 瑪麗蓮・夢露（Marilyn Monroe）

自信與沒自信

你是否知道自己在哪些事情上會感到沒有自信？

又在哪些地方是有自信的？有時候，因為過度聚焦在自己不好的地方，我們反而會忘記，其實自己也有可以驕傲的地方。

邀請你參考以下範例，在下頁寫下你的答案。什麼情境常讓你覺得沒自信？什麼情境會覺得很有自信？

上班的時候
同事表現總是比我好，看得好眼紅，覺得自己好沒用。

打籃球的時候
我是隊上最強的得分後衛，臨場反應沒有人比地過。

你覺得自己想到沒自信的地方比較容易，還是想到有自信的地方比較容易呢？想想看為什麼，我們總是會先看到自己這些地方？

與情緒相伴的新生活提案

忘不了的那些話

有時缺乏自信，是因為有明確的比較對象；然而也有時候，那就是一種「我不好」的感覺。就算別人稱讚自己，也還是覺得自己不夠好。這種劣勢的感覺，可能來自成長經驗，來自重要他人的負向評價。

父母、好友、男女朋友，是否有哪一個重要人物曾經嚴厲的評論或批評你，否定你的價值？

這些聲音，在我們腦海中可不會輕易的消失。且在往後，只要你面對挫折，這些聲音就會重複出現，告訴我們：「你看吧！你真的不夠好，沒有人會喜歡你的。」

在你的生命中，也有哪些批判的話讓你印象深刻嗎？也許我們真的有缺點，但我們絕不是一無是處。小時候我們沒有能力反駁這些過度嚴厲的批評，現在開始，不需要再把它們繼續放在心中。

我怎麼會生出你
這種孩子？

成熟一點好嗎？

廢物！
沒出息！

沒有人會喜歡你。

你怎麼這麼沒用啊!?

你怎麼這麼笨？
這麼簡單的事都做不好！

遇到挫折時，就會覺得

「原來我真的這麼差勁……」
「他們說得沒錯……」
「我就是這麼沒用……」

改變解釋事情的角度

大腦會經過不斷的練習而養成習慣。如果我們長期被內心覺得很重要的人批評，也會習慣批判的思考方式。

心理學家海德 （Fritz Heider）曾提出，看待一件事情，人會有「內在歸因」與「外在歸因」的兩種解釋方式。意思是同一件事情，用這兩種不同的解讀方向，感受就會不一樣。

內在歸因是將事情歸咎於自己的責任，例如覺得成果是出於自己的努力，或失敗是因為自己的缺陷；外在歸因是將事情歸咎於運氣或其他因素，例如有成果是碰巧、失敗是因為事情太困難，不是自己可以控制的。

在生活中發生的好事，如果我們用內在歸因，會肯定自己的付出，用外在歸因便會覺得自己沒有貢獻。相反的，有壞事發生時，過度內在歸因會導致不斷的自我責怪，適度地外在歸因才能夠合理地維持自己的信心。

好的事情
例如：工作成果被上司肯定

內在歸因	外在歸因
因為我做得 很不錯	只是運氣好 下次不一定

自信 up ↑　　　　自信 down ↓

發生壞事
被暗戀對象已讀不回

內在歸因	外在歸因
一定是我 很不會講話	我沒做錯什麼 可能剛好沒空

自信 up ↑　　　　自信 down ↓

在生活中檢視歸因方式

「好事內歸因，壞事外歸因」是一般人常見的心理現象，畢竟這樣想會讓心情比較好一點，而心理學家稱之為「自利歸因偏誤」。

不過，有些人剛好相反，「壞事內歸因，好事外歸因」，常常這樣想就容易覺得自己很糟糕。

我們沒有要過度自信，而是要看看自己是否將生活中的每件壞事，都歸咎到自己的責任上，這種沒有彈性的自我挫敗歸因，對我們的心理太不健康了！

請試著回憶最近一週發生的事件，運用下頁的記錄表，分別以內在歸因、外在歸因的方式進行解讀。

透過這個練習，我們會學習到，每件事情都有不同的解讀方法，我們要學習保有選擇的彈性。我們可以避免沒有彈性的重蹈覆轍。偶爾換一換口味，以免掉入過度自信或過度自卑的陷阱裡！

發生事件	「內在歸因」解讀	「外在歸因」解讀
忘記帶錢包出門	我太健忘了，沒有出門前再檢查一次。	現代人出門要帶的東西太多，怎麼可能每件事情都記得住。

找到屬於你的驕傲

想變得有自信，也可以嘗試看見自己的優點。這並不簡單，要對自己感到驕傲，需要客觀而溫柔的眼光，就算是最小的事情，也願意給予自己肯定。

讓我們一起想想看，下列哪些優點與特質最可以用來形容你？請圈選至少三項。並請你找到一位朋友，也請他幫你圈選三項，也可以兩人互相輪流進行這個活動。

重感情	溫柔	大方	有創意	穩重
負責	愛冒險	敏銳	直率	幽默
有主見	正義感	節儉	認真	善良
吃苦	客觀	合作	善領導	獨立
反應快	公正	浪漫	有眼光	務實
細膩	好奇心	強壯	義氣	誠實
勇敢	謙虛	可愛	專一	堅持

要圈選自己的優點容易嗎？還是圈選別人的優點比較容易？我們是不是都很容易看到別人的優點，卻比較容易看到自己的缺點？

為優點找出具體事例

請從前面選擇至少三個優點，寫到右頁的雲朵中，並寫下這個優點讓你想到什麼可以佐證的事例？

這些答案，就是你值得感到自信的地方。如果想變得有自信，你就要成為「能夠」看得見自己的好，也「願意」欣賞自己的人。

當散發出喜愛自己的光芒時，別人也會被你吸引。

負責任

只要答應的事情，
我都會努力做到，不會推諉。

恐懼

我做不到，

我受不了了！

在醫院候診時，我有幾次遇到在診間嚎啕大哭的人。這是在腫瘤科門診前，可想而知他們面對的是什麼。

不少癌友分享，在初診斷罹患癌症時，先是難過、不解，很快就是恐懼。因為在多數人的印象中，癌症就是做化療，擔心距離死亡的距離是不是愈來愈近。

回想診斷出爐時，我的懼怕其實像絲線，先被一絲絲抽出、捲曲後，我才發現，死亡雖不遙遠，卻不是我懼怕的核心。我發現內心中最恐懼的，是我無力生活如常——那我還需要活著嗎？

治療兩年後，新的診斷來了，醫生告訴我：「大概是出現抗藥性了。」也就是，現有藥物效果不佳之後，要更換另一種治療方式。

即便早就開始心理準備，實際面對時仍是難熬。我

與情緒相伴的新生活提案

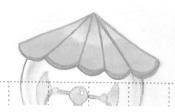

向關心的親友們喊話，也似乎是在對自己喊口號！

無論是不同的化學治療、標靶藥物，甚或尚在人體實驗階段的治療選擇，在我的腦海中＝更多副作用＝需要承受更多不舒服（可能是皮膚、黏膜等器官的受傷及疼痛，疲憊、虛弱……無法如日常生活）。

再多的心理準備，還是好難承擔油然而生的心理恐懼。過去記憶所經歷的副作用，在面對將來的未知情況，更加鮮明地浮現腦中。我甚至身體開始隱隱作痛、心跳加速、沒有力氣、很想要逃避這些感受，卻不知道該怎麼做。

真正生病才知道，為什麼很多癌友說過，第一次抗癌治療「懵懵懂懂」，因為不知道可怕在哪裡，反而不太會害怕；但隨著治療增加或面對復發，強烈的恐懼感就會油然而起。

在一座雄偉的博物館內，2 歲的小男孩看到前方巨大的擬真恐龍，跑回爸爸的身邊，抱著爸爸的大腿躲起來。他瞇著眼睛，大喊：「我怕怕！」

第一次，帶 6 歲的女兒到游泳池，從來沒有下水過的她站得遠遠的，遲遲不敢靠近泳池。對她來說，看不見底的游泳池，好危險。

18 歲，趁著上大學前在餐廳打工。一想到其他員工曾因為打破杯子，被老闆臭罵一頓，端著盤子的雙手，就不知不覺僵硬了起來，冒了不少冷汗。

害怕是生物的本能，我們從小到大，一再經歷、克服、再度經歷。小時候，我們就會害怕，見到未知的事物，便趕快跑回父母身邊，喊「怕」、躲避，並尋求幫助。

有很多事情我們不用經歷過就懂得害怕，例如怕高、怕水、怕黑、怕一個人。這些事情，都在向我們傳達一個訊息：「現在有危險，這裡不安全！」

人類祖先就在大自然的惡劣環境中學習生存，因此，恐懼會讓人可以趨吉避凶，得以存活下來。這種本能經過演化，即便沒有豺狼虎豹威脅的現代，依舊刻在我們的基因裡。

除了先天的恐懼以外，大腦擅長記錄哪些事情是有危險

性的。只要被鍋子燙過一次手、被電蚊拍電到一次，身體就會迅速筆記下來，下次就會非常小心。

隨著現代世界的複雜度升高，我們大多面對的不是毒蛇猛獸，而是心理上的威脅，像是考試、演講、升遷、認識新朋友，或是害怕失敗、害怕犯錯、吵架、生病、分手、失去愛人，也許我們害怕關係或健康的消逝，也對未來的不確定抱有恐懼。

當警報器響起，全身都會進入備戰狀態。害怕的時候，我們會變得特別警覺、小心翼翼，經歷肌肉緊繃、感官放大的變化。我們可能也會失常，表現得不再像平常一樣穩定。

有時，我們也不理解自己為什麼害怕，明明是理智上覺得沒那麼可怕的事，卻說不出害怕的理由。只會發現自己一遇到，就好想逃跑、好想迴避，可以的話就不要面對。

我在怕的是什麼？這有什麼好怕的？我已經不是小孩了啊，可不可以勇敢一點……

親愛的，有時我們害怕的只是未知

「好怕上飛機，怎麼辦？」

「連一個人在家我都會有點怕，是不是很膽小啊？」

「只要一見到喜歡的人，舌頭就會打結，好怕……」

這個世界上，沒有人不曾經歷過恐懼。

有時候我們怕的是未知的事物，不曉得會對我們造成什麼傷害。例如恐怖電影中突然出現的鬼魂、讓人伸手不見五指的黑暗，或是因為各種因素失去了生命。

有時候我們怕的是已經體會過，卻可能還會發生的事情，像是被鄰居的狗咬、再次被喜歡的人拒絕，或是治療疾病過程中，可預期或想像中的痛苦。

根據我們所生活過的經驗，每個人心中都有不同的一把尺。可能有人會害怕貓咪，其他愛貓的人卻無法理解。

這種差異永遠都會存在。因為每個人心中的恐懼，都不會有第二個人可以完完整整的體會。

不少現代人熱愛看驚悚的恐怖電影、小說或遊戲，享受被驚嚇，腎上激素上升的快感。然而，這是因為我們在觀看的過程中，知道自己很安全。如果我們變成是這些恐怖故事中的主角，那就真的可怕了，定會像男女主角一樣，不斷的「逃、逃、逃」！

沒有錯，面對害怕，對大腦來說最合理的選擇，就是趕快逃！因為逃才會安全、逃才有希望！

讓人苦惱的是，有時候因為一些小事情害怕的想逃，會有點丟臉。比如被辦公桌上的小蟲嚇一大跳、遇到正式場合卻開不了口、一想到要看牙醫就怕而一拖再拖……

有時候因為被冠上膽小鬼標籤的這種羞恥感，反而會讓人不敢承認自己正在害怕，也不敢主動向別人求助。每一個人的害怕，一定都跟成長過程曾相關的經驗。沒有一種害怕應該是可恥的。

當我們過度強調自己要變得勇敢、堅強，只會讓人更加挫折。永遠都躲在恐懼的背影中，責難自己為什麼不夠勇敢。不是橫衝直撞的逞強，而是需要好好地、慢慢地傾聽內心的害怕之聲。

「為什麼這件事讓我這麼害怕呢？要怎麼做我才會覺得比較安全？」

先看見恐懼的來源，給予自己空間，想逃就逃，想怕就怕。漸漸的與害怕共處後，我們才有機會從根源開始認識自己，找到可以感到安心、覺得安全的方法。

病痛當下、災禍之後，我們總會需要面對各式各樣的恐懼與挑戰。恐懼是一種會不斷疊加、放大的情緒，我們愈害怕、愈不敢承認、愈不敢面對，就愈會在內心成長成怪獸。

有時，也只有在我們願意迎接自己的害怕時，才發現，原來事情真的沒有想像中的那麼危險。也許變得天不怕、地不怕並不容易，但我們還是可以在害怕時尋求更多的人事物，幫助我們變得安全一點點。

　　不管這種支持是信仰、是朋友、是家，或專業的心理協助都沒關係，只要我們踏出第一步，願意與害怕共處，就有機會找回身心的平衡。

「所以不要為明天憂慮，因為明天自有明天的憂慮，一天的難處一天當就夠了。」
——《聖經馬太福音6：34》

「先得學會如何活著，才知道如何面對死亡；先得學會如何坦然赴死，才知道如何好好活著。」
——墨里斯・史瓦茲（Morris Schwartz）

「人生只能活一次……不對！我們只能死一次，我們活在每一天……」
——吉爾沙・爾維斯（Jill Shalvis）

正面看見恐懼

恐懼是我們大腦的警報器。

當遭遇威脅或超過能力負荷的事情時，就會警鈴作響，要我們準備迴避危險。每個人的恐懼都不盡相同，往往是來自成長過程中曾經被嚇過或感到不安全而深深記錄下來的。

對你來說，什麼是可怕的呢？下方有許多一般人常會害怕的事情，請勾選，並依照程度，將左方的空格塗上顏色，最害怕的畫上紅色，比較不害怕的畫上綠色

☐ 昆蟲   ☐ 與人起衝突
☐ 鬼魂   ☐ 小丑
☐ 溺水   ☐ 死亡
☐ 上台演講   ☐ 失去愛人
☐ 被責備   ☐ 黑暗
☐ 搭飛機   ☐ 孤單
☐ 疾病   ☐ 懼高
☐   ☐
☐   ☐
☐   ☐

恐懼引發的反應

恐懼時，我們的生理會產生改變，以因應危險的狀態。

恐懼通常有幾個特色，像是會使人僵住片刻，沒辦法馬上做出反應、難以用理性克制事情的可怕後果，容易愈想愈嚴重、與安全有關，因此小事情也會深刻印記等。

以下也列出常見的恐懼反應，請將你曾體驗過的情況打勾，並想一想，恐懼當下你通常會怎麼反應？

生理反應			
□ 心跳加快	□ 冒汗	□ 肌肉緊繃	□ 胸悶
□ 呼吸急促	□ 胃痛	□ 無法動彈	□ 臉灼熱

很多研究發現，人在面對恐懼的事情時，會先腦袋一片空白，完全無法反應。這其實是生物本能，告訴我們不要輕舉妄動。有時這也會讓我們感到羞恥、失去控制，或對沒有即時逃跑感到懊悔。然而，為了要真正面對恐懼，我們得學習接納，這就是生而為人一定會有的正常反應。

勇敢與害怕可以共存

不是面對所有事我們都要勇敢。這個社會偶爾會給人一種迷思，覺得成熟的人比較不會感到害怕，但事實上，害怕不代表脆弱，反而天不怕地不怕，才是最可怕的事情！

如果完全缺乏恐懼感，我們不會知道該避免哪些風險，嚴重低估了危險性，最後會讓自己滿身是傷，造成危險的後果；但若過度害怕，則會使人高估危險變得過於謹慎，無法向前邁出步伐。因此，我們要培養的是適度評估危險，善用害怕的心情，謹慎做出選擇。

告訴自己害怕也沒有關係，我們甚至可以在理性判斷後，選擇不要接觸讓我們害怕的事情，也不一定要克服。

一味的勇敢，天不怕地不怕，　　　純粹的害怕，使人躊躇
　　　反而容易受傷。　　　　　　　不前、不敢冒險。

承認害怕，又嘗試勇敢，才能謹慎地做出行動。

評估危險性：挑戰絕對

讓我們細細檢視自己的恐懼。

很多讓我們害怕的事情，都有一些深層的原因：不想與人起衝突，是因為害怕感情破裂；害怕搭飛機，怕的其實是墜落與死亡；害怕和別人建立關係，其實是害怕在關係中受傷等。

這些深層的擔憂是否真的會發生，往往需要重新被評估。比如小時候我們害怕挨罵，也許是因為我們沒有力量、需要大人幫忙，所以才害怕失去父母的關愛。

現在的長大成人的我們，比較有力量，不需要靠別人，有能力愛自己，還需要這麼害怕挨罵嗎？

請利用右表，先想一想你害怕的事情可能隱藏哪些深層的擔憂？最糟的結果是什麼？再試著用客觀的角度評估，這些事情一定會發生嗎？發生的機率有多高？會不會我們的害怕裡，有一些是來自過去的陰影呢？

這些害怕裡隱藏的，不外乎是害怕被拋棄、痛苦或生命受到威脅。重新審視一次，也許我們會發現自己比想像的還要強壯許多。

怕跟別人起衝突	>>	關係決裂、被討厭	>>	爭吵過程中，如果惡意攻擊對方也許會決裂，但好好的溝通也許不會。
怕鬼	>>	被鬼附身、傷害	>>	有可能，鬼不一定都是壞的，我們也無冤無仇。
	>>		>>	
	>>		>>	
	>>		>>	

為害怕做足準備

當我們想學習一種外語，會找很多學習工具來幫助自己，害怕也是一樣。要降低害怕的程度，可以為自己找一些安心的小工具，讓威脅的程度降低。

比如孩子常害怕面對人群，但是當媽媽在身邊時，小孩就不會那麼害怕。我們不一定總是要靠自己來克服恐懼，請你問問自己，有沒有什麼事、哪個人，可以幫助你面對害怕？

●為了減少飛機失事的威脅程度，

我可以在搭飛機前，買好保險或寫遺書。

●為了減少 _____ 的威脅程度，

我可以在 _____ 。

●為了減少 _____ 的威脅程度，

我可以在 _____ 。

●為了減少 _____ 的威脅程度，

我可以在 _____ 。

當你正在經歷恐懼，覺得無法承受的時候，先深呼吸，冷靜一下，再次重新整理面對害怕的情緒與思緒。

面對害怕的事情，我們要做的不是讓自己不害怕，而是要搞清楚自己害怕的是什麼、原因是什麼，並找到可以因應的方式，讓自己獲得安心感。

你也是一個勇士

其實我們從小到大，早就已經克服過無數個害怕的情境。

從第一次學習走路，不敢踏出第一步，不敢和陌生人說話、不敢進到學校，第一次上課，我們可是也一次一次地克服了呢！

試著把面對恐懼的力量，想像成一個勇士，並邀請他參加你的練習。從小到大，你曾經克服過哪些恐懼？請你寫在下頁中，並試著告訴這位勇士，他是有能力面對的。

我們曾面對過
無數未知的挑戰

也許這一次
我們也做得到！

透過以上的幾個觀念，試著建立出屬於你自己面對害怕的方法吧！也許你也會發現，勇敢沒有想像中那麼困難。

我曾克服過哪些令人害怕的挑戰？

你會怎麼形容當時的自己？

與情緒相伴的新生活提案

當時是怎麼做到的？是怎麼產生勇氣的？

接納共存

我就是我，不會跟別人一樣，

也不用跟別人一樣

試著回想過去，當你發現自己很憂鬱、生氣或害怕時，第一時間通常會怎麼反應？可以坦然地覺得「有情緒也沒關係」嗎？還是會馬上告訴自己：「別再想了」「生氣也沒有用」「成熟一點」？

我想多數時候是後者。生氣的時候，擔心別人覺得我們脾氣差；難過的時候，討厭自己這麼脆弱；孤單的時候，則會責怪自己太不獨立了。

為什麼我們這麼不想要有情緒？

情緒成為脆弱的代名詞

這個社會往往將情緒和「軟弱」「不成熟」，甚至是「幼稚」畫上等號。我們不僅被期許別輕易流露出情緒，更要在面對逆境時，盡量要保持正向、堅強的態度。

你一定也聽過人家說這樣的話：

「為什麼不想開一點？」
「不要放在心上就好了啊！」
「現在年輕人，抗壓性真的很低。」
「比你慘的大有人在，你已經夠幸運了。」

這些關心雖然啟於良善的立意，希望我們開心一點，然而也傳達出一個價值觀：「情緒是不重要的」「如果夠堅強，就不會被情緒困擾了」。這是否讓原本想被安慰的你，像被潑了冷水一樣呢？

「原來我們不應該有情緒，要努力開心一點」，難受的時候，「最好一個人把情緒吞下去，假裝什麼事都沒有發生」。

漸漸的，我們從別人不接納的態度，延伸為不接納自己，學到了逃避感受。畢竟，就算我們想要找人傾訴，也不一定有人想要聽。

勇敢對自己的情緒 say yes ！

雖然壓抑情緒能使心情看似風平浪靜，長期累積下，卻可能導致一次性的大爆發，埋下心理健康和人際關係的隱憂。更重要的是，我們愈來愈習慣不去在乎情緒，也不知道當情緒來臨時，該怎麼反應。

久而久之，情緒，或許已經成為我們內心裡最熟悉的陌生人。

情緒，是所有人的正常生理反應。就像遇到塵蟎會過敏、撞到東西會疼痛一樣自然，有情緒是沒有關係的。

沒人會說：「為什麼要對塵蟎這麼敏感？放鬆一點！」也不會說：「只是撞到桌子而已，更痛的大有人在，你夠幸運了。」但是，很多時候我們對情緒卻沒有這麼寬容。

根據神經科學研究，情緒是大腦為了因應正在遭遇的困境而產生的力量，特別由額葉（Frontal Lobe）和邊緣系統（Limbic system）負責，換句話說，所有的情緒都具有生存上的重要意義。

深陷有威脅的情境時，因為害怕，可以及時迴避來保護自己；遇上了不合理的待遇，透過生氣，才能夠表達需要和立場；失去了重要的他人，透過悲傷，才懂得珍惜關係的可貴。

還有些情緒可能源自童年的經驗。比如小時候沒有被妥善照顧的人，容易在長大後的親密關係有比較多的不安或焦慮；或是長期被父母言語貶抑的人，很難培養出有自信的態度。

每種情緒都代表著一種內在真實的渴望，比如憤怒是想被尊重、想要公平；焦慮是希望表現好、被人肯定；孤單，是對關係、對愛的在乎。這些，都是人們再平常不過的需要。

情緒的出現與否，經常不是我們能夠控制的，更不需要因此而羞恥。重要的是，每一次情緒出現，便是更加認識自己的一次機會。

試試看，讓自己在情緒裡，多停留久一點，允許自己感

受它。只有當我們如實的接納自己的情緒，才有可能真正面對情緒。

認識情緒，是一輩子的練習題

看到這裡，很多人也許會納悶，在心裡想：「接納情緒又不能解決問題。」

一點也沒錯，接納情緒和處理事情本來就是兩件事。不過，如果讓情緒有適當的宣洩空間，將有助我們更有力量的去面對問題。否則，在面對問題時，情緒可能會在內心不斷產生干擾。

你可能也聽過「時間會治癒一切。」其實糾結的感受並不會因時間久了而消失，然而時間確實能夠淡化情緒的衝擊力道。所以當情緒過大、難以負荷時，給自己一點時間準備，隔一陣子再面對，也是很好的方式。

要接納情緒，最重要的練習是尊重自己的感受

會引發情緒的事，大至疾病、考試、生死離別，小至一句話、一個眼神、一段回憶。

困境是主觀的，沒有人有權利對我們說三道四。尊重自己可以因為任何事情感到痛苦，不要再使用「這沒什麼大不了」「我沒事」等逞強的方式來因應。

告訴自己「我有一點難過，因為……」「雖然不想承認，但是我不太喜歡……」。

不管活到幾歲，情緒永遠都是我們生命的一部分，認回你的情緒，才有機會向前走。

慢慢療傷，與自己和解

遭遇生命中的不如意，我們還經常會有一個念頭，那就是：「為什麼是我？」

我沒有做過什麼壞事，為什麼會生這個病？我總是這麼用心付出，為什麼會被這樣對待？我的心地這麼善良，怎麼會遇人不淑？

但世界上，有太多不能夠解釋的遭遇，甚至會讓我們懷疑：「是不是我哪裡做錯了？」

很多時候，沒有誰做錯了什麼，沒有誰需要被檢討。別把世界的不公平，變成對自己的責怪。所有的不幸，必然伴隨著很多的氣憤、難過和不甘願，但是請相信自己，在所能夠努

力的範圍之內，我們都已經盡力了。請告訴自己：「辛苦你了，難為你了。」

我們終究要和一切已經發生的過往共存。內心的傷痕與感受，需要被慢慢的療傷，才能真正的走過。有難過，就好好的難過；有生氣，就好好的生氣。

述說情緒的歷程，是一輩子的功課。讓自己和創傷共處，總有一天，你會發現人生將會有所不同。

〔我的宇宙〕
你是太陽、月亮和星星
你是我的宇宙
我欣賞及愛護你
你擾亂了我的宇宙
但我不會打擾你的　我保證

—— 李明瑱Marion Lee

創傷後成長

某一天，我突然發現，

我比想像中更堅強

談了這麼多生活中的苦難、困境或惱人的狀況後，身邊的人們有時會出現一些安慰的說法。

像是引用名人的名言，告訴你「那些殺不死我的，使我更堅強」，然後鼓勵我們要往好處想：「這是你現在的人生功課之一，完成之後你的人生會變得更好。」「這些苦難是你生命中的養分，會讓你更茁壯。」

但人生一定要正能量嗎？

老實說，如果這些話是當事人自己的領悟，那非常有正向能量，但若是旁人鼓勵的話語，在受苦當下、情緒低落的聽者，多會覺得這些是「沒有意義的風涼話」。

正能量的金玉良言告訴我們，經歷了苦難、創傷後，就得要成長、茁壯……例如在癌症病友的成長團體中，當心理師提到「創傷後成長」這個概念時，有些病友很委屈地說，「為什麼一定要成長？難道我不能經歷癌症後沒有成長嗎？這樣壓力好大！」

其實，「創傷後成長」是一個自然而然的過程，並不是我們要或不要的問題！就好像腳掌常常踩在地上承重，腳底會長繭；常常需要舉重物，肌肉就會變得比較有力氣；又或者身體在生病後，會學習及記憶、產生抗體後，再次面對時更能夠

有效和快速的反應，抵禦外敵。這些都是在壓力事件之後，自然發生的成長。

自然而然的心情免疫力

不用懷疑，心理狀態一如生理機制，當我們面對高度挑戰性的生活危機時，人們會自然而然產生正向改變。這樣的改變有時會被說這是正能量，而在心理學上的用詞，則是「創傷後成長」：也就是在重大壓力後的真實改變。

面對生活中顯著的威脅時，我們會有重大的心理痛苦。所謂的「創傷」，不只是天然災害、意外或暴力事件等急性創傷，也包括重大傷病、關係決裂、被霸凌等形成的心靈創傷。

而經歷創傷後成長，主要的表現途徑包括：全面性地增加對生活的感恩（appreciation of life），例如很多人在經歷過自己或身邊親友的生死交關，變得更珍惜生命，並改變生命中重要事物的優先順序；

更有意義的人際關係（relating to others），與他人關係變得更溫暖、與他人更親密，例如父母、伴侶、子女……等親朋好友；

對個人力量有更多的感知（personal strenth），覺得個人

力量變強或更能掌握、自我價值感提升，像是發現自己比想像中更加堅強；

新的可能性（new possibilities），更願意、積極拓展生活中新的可能性及新的生命路徑；

靈性轉變（Spiritual change），在靈性層面的發展或對存在的發問，以及更豐富的存在感受和靈性生活。

經歷生命中的苦難與創傷，有些人會持續感到無助、害怕、生氣等情緒壓力，但也有人可以從中獲得正向改變，讓生命更圓滿或幸福。

可能有人以為後者是天生的或運氣好，但心理學研究發現，創傷後的正面改變有幾項重要的影響因素，提醒我們更認真的思索個人特質、個人處理情緒痛苦的方式。

但也有些癌友常不由自主地想到癌症復發、擔心自己會不會死、反覆閃過治療或檢查時的痛苦畫面……猶如牛吃草的反覆咀嚼一般，有些人會「反芻」自己的負向經驗和負向念頭。

這樣的「負向反芻思考」，會降低人們的創傷後成長。並不是說不能想到這些，而是每天反覆地思索，是很痛苦的心理經驗。我們的情緒無法區分這是真實經歷，還是它只是腦中

的一個念頭？

　　只發生過一次的事件，我今天想到十次，就彷彿增加了十次的心理痛苦。我們並不需要否認那真實的情緒壓力，但要小心避免過度放大。

　　當人有機會藉由各種方式將這些擔憂或負向念頭表達出來，例如在自己的信仰中禱告、祈求，與家人或朋友分享，甚至向醫護人員訴苦，藉此獲得社會支持，便能夠有效避免「負向反芻思考」，減少創傷後成長的阻礙。

　　更進一步，我們可以嘗試增進面對苦難後的正向改變，研究者發現個性比較外向的人，因為較能面對和接受新的經驗，就更有機會從創傷事件的後果中發現正向意義或行動。

　　無論自己是不是外向的人，如果願意練習做點不一樣的事，增加生活中新的經驗。

　　例如回家時換一條從來沒有走過的路、去一個沒有去過的地方、參加從來沒有參加過的活動，更簡單的，花一點時間嘗試本書中的各類方案，都有機會促進自己的創傷後成長。

　　在面對困境時，愈願意表達自己的情緒，分享自己對困境的觀點，也會愈有機會促進創傷後成長。

　　當自己感到很受傷和困頓時，不妨練習接納自己的情緒

感受並表達出來，也嘗試敘說自己對於苦難的想法。別擔心自己的感覺或想法對不對，光是表達出來（可能是找個適合的對象說一說，也可能是自己寫下來、畫出來）就會有效果。

當然，若能獲得家人或朋友等重要他人的建設性回應及情緒支持，也更讓我們能從苦難中找到力量和希望。

然而，這些都要你願意嘗試，才有可能發生！千里之行，始於足下，你現在開始的第一小步會是什麼呢？

祝福你，也希望你能夠在遭遇的困境中，逐漸發現你的正向改變。

圓神出版事業機構 用心與你對話‧視野無限寬廣

如何出版社 Solutions Publishing

www.booklife.com.tw

reader@mail.eurasian.com.tw

Happy Learning 184

與情緒相伴的新生活提案：

11個練習，讓你在憂鬱、焦慮、憤怒、孤單時拿回主動權

作　　者／劉惠敏、周子勛、葉北辰
繪　　者／眼球先生
協力編輯／林睿軍、許怡敏、蔡士敏、蘇連瓔
總 策 畫／癌症希望基金會
發 行 人／簡志忠
出 版 者／如何出版社有限公司
地　　址／台北市南京東路四段50號6樓之1
電　　話／（02）2579-6600‧2579-8800‧2570-3939
傳　　真／（02）2579-0338‧2577-3220‧2570-3636
總 編 輯／陳秋月
主　　編／柳怡如
專案企畫／賴真真
責任編輯／丁予涵
校　　對／丁予涵‧柳怡如
美術編輯／林雅錚
行銷企畫／詹怡慧‧曾宜婷
印務統籌／劉鳳剛‧高榮祥
監　　印／高榮祥
排　　版／莊寶鈴
經 銷 商／叩應股份有限公司
郵撥帳號／18707239
法律顧問／圓神出版事業機構法律顧問　蕭雄淋律師
印　　刷／龍岡數位文化股份有限公司
2020年6月　初版

定價 320 元　　　　　ISBN 978-986-136-551-0

在面對困境時，愈願意表達自己的情緒，分享自己對困境的觀點，也會愈有機會促進創傷後成長。

當自己感到很受傷和困頓時，不妨練習接納自己的情緒感受並表達出來，也嘗試敘說自己對於苦難的想法。別擔心自己的感覺或想法對不對，光是表達出來（可能是找個適合的對象說一說，也可能是自己寫下來、畫出來）就會有效果。

——《與情緒相伴的新生活提案》

國家圖書館出版品預行編目資料

與情緒相伴的新生活提案：11個練習，讓你在憂鬱、焦慮、憤怒、孤單時
拿回主動權 / 劉惠敏、周子勛、葉北辰作. 眼球先生繪. 癌症希望基金會總
策畫-- 初版. -- 臺北市：如何, 2020.06
208 面；14.8×20.8公分 -- （Happy learning；184）

ISBN 978-986-136-551-0（平裝）
1. 情緒管理　2. 心理治療
176.52　　　　　　　　　　　　　　　　　　　　　　　109005574

助癌友
活得好，活得久

在台灣，每年至少有70萬個家庭共同面對癌症。
癌症希望基金會提供癌友家庭全方位的支援網絡，
協助他們取得完整照護資訊、調適情緒及維持良好生活品質。

如果您可以提供幫助，他們的希望就是您！

免費諮詢專線 **0809-010-580** （鈴一鈴、我幫您）

財團法人癌症希望基金會
HOPE FOUNDATION for CANCER CARE

希望小站

如果有人需要幫助
　　請告訴他們希望在這裡

諮詢專線 0809-010-580

- ⊕ 諮詢服務
- ⊕ 開辦教育課程
- ⊕ 舉辦癌友關懷活動
- ⊕ 成立病友支持平台
- ⊕ 專案補助
- ⊕ 開辦支持團體
- ⊕ 提供康復用品
- ⊕ 癌友子女獎助學金

台北 台中 高雄 服務時間：每週一至週六 9:00~18:00

HOPE 財團法人
癌症希望基金會

基金會官網

癌症希望頻道